「二刀流英語」のすすめ

情報力・英語力を使いこなす

Hori Takeaki
堀 武昭

論創社

はじめに

唐突だが、英語を上達させるのに賢い手法はあるのだろうか。学問に王道なし、といわれるが、人は少しでも楽な道があれば、と願うものだ。昭和三九年の東京オリンピック開催が決定したときのこと。爆発的な喜びが日本中に広がり、名実ともに戦後が終わり、一流国入りしたような気分を味わったものだ。私自身はまだ大学生だったが、そのとき、にわかに日本中で英語ブームが起きたことを覚えている。二〇二〇年、二度目の東京オリンピックでも同じようなブームが起きるのだろうか、強い関心を抱いている。

当時、簡単に英語ができるようになる、と謳った何冊かの本がブームのきっかけをつくっている。以来、数えきれないほど英語上達法に関する本が出た。百万部を超え大ベストセラーとなった英語本が何冊か続いたため、柳の下の二匹目のドジョウを狙って同業者が続々と参入したが、その後ブームを巻き起こすような本は出ていない。本に魅力がないからか、あるいは我が同胞にとって英語はすでに身近な道具になった結果だろうか。だがどこの本屋にも英語コーナーが設けられ、数えきれないほどの英語学習本が依然として並んでいる。手にとって見ると、内容にたいした差はなく大同小異である。こうなると、それぞれの本が本屋の店頭で牽制しあい、やがて埋没していく様子が容易に想像できようというものだ。

バブル経済がはじけ不況に陥ってから久しい。日本の大企業が次々に倒産、あるいは外資に乗っ取られるのは日常茶飯事となった。パソコンですらかつてのような勢いはなく、中国、韓国、台湾に追い上げられている。日産自動車ではフランス人が社長になって久しい。会社内の公用語も英語になった。それでいて、海外に出かける日本人は二〇〇〇万人を超え、日本を訪れる外国人も三〇〇〇万人に及ぶ勢いだ。かと思えば、老後に不安を抱く退職者が安い生活費に誘われ、海外に居を移すことを前提に英会話教室に通うのも日常の景色となってきた。

アメリカやオーストラリアなどの外資系銀行が派手な広告と高金利で、外貨預金への乗り換えを大々的に宣伝し、誰もが自分の貯金の一部を外貨預金するのも当たり前になった。

こうした現象からいえることとは、英語が日本における日常生活のなかにほぼ浸透したことであり、同時にソーシャルネットワーク時代の到来とともに最新情報にアクセスするために英語が必須となったということだろう。

インターネットを苦労なく、自由に駆使できる世代が今や社会の主流となった。そして、彼らに共通している点は単に情報源を英語に頼るばかりでなく、自らの声を広く世界に向けて発信できる能力を身につけてきていることだ。

だから、英語上達への熱意も第一次ブームから第二次ブーム（海外旅行全盛時代）、そして現在の第三次ブームへと飛躍し続けるにつれ、大きな質的変化が起きているともいえる。第一次ブームではオリンピックで日本にやって来る外国観光客を想定しての英語だった。街中で外国人に道を聞かれる、駅で切符の買い方を聞かれるといった、その場しのぎの緊急対策英語といってもよかった。

第二次ブームでは日本人自身が主役に躍り出ることになった。外国でのホテルの予約、買い物、あるいは観光地での若干の歴史のお勉強にも英語が欠かせなくなった。情報は日本語ではなく英語が優先する時代の到来である。

第三次ブームは英語開国時代とさえ呼ばれ、小学校から英語が教科に加えられるご時世となった。

今や普通の生活圏のなかに英語が浸透・定着した。非日常語から日常語に昇格したといってもいい。若い世代の間では西欧で放映される番組を吹き替えなしで見たがる。俳優の声を生で聞かないと気分が乗らないとさえいう。一日中、AFN（旧FEN）のラジオを聞きながら過ごす子供たちも多い。彼らは臆することなくメールや携帯電話で音楽のリクエストをラジオ局にする。もちろん英語である。外国の商品カタログを見てインターネットで直接注文するのも当たり前の光景となった。英語は欠かすことのできない手段となり、使えなければ一級の情報も入手できず、いい仕事にもありつけない時代である。

私の周辺に結婚したばかりの若い夫婦がいる。共稼ぎである。しかし、聞いてみると奥さんは外資系企業に勤め、すでに年俸一五〇〇万円を超えている。一方、彼氏のほうはカナダの大学を出ているのに年俸は五〇〇万円に届かない。奥さんの三分の一しかない。なぜこれほどの格差が生じたのか。ひとえに英語の質の差である。彼女はディーラーをしているのに、彼氏は単なる事務系英語屋さんだからだ。

昔はしゃべれさえすればよかった。それだけで他人と違う、かっこいい、という一種のブランド価値があった。それが今や専門の領域でも必須の資格となった。電車のつり革広告を見ただけでも、英会話教室がいかに繁盛しているか推察できようというものだ。駅前英会話教室など、ビジネスとしては行き着くところまできた感じがする。それもここ近年急激に変化してしまった。フィリピンに本拠地を置き、英会話の授業をネットで、一対一でおこなう事業が軌道に乗り始めている。その上、最後の仕上げに現地に出かけ、磨きをかける。英語の勉強のためにフィリピンに出かけることなどかつて想像できただろうか。

それに拍車をかけているのが若い両親の行動である。自分たちができなかった夢を子供に託し、スポーツや習い事に熱を入れるからだ。そのなかで最も人気があるのが歌との連携による英語である。幼稚園でもネイティブの英語の先生を配置すると園児が殺到するという。同時に母親の英会話教室を併設するところさえ出始めている。

そんな折、出版社から英語本に関する話が持ち込まれてきた。私の恥多き英語修行時代をもとに英語が上達できる秘伝を披瀝せよ、という。そんなものは当然ありえないし、私自身いまだに英語に悩まされているのが実情だから逡巡した。書けることといえば、どれほど長い時間を無駄にしてきたか、また、英語を上達させようとどれほど苦しんだか、いやいまだに苦しんでいるか、その体験を披瀝するくらいしかできない。出版社はそれでもいいという。その苦しみの過程が、これから英語を本格的に習おうとする日本人には役立つのだという。それが英語の本を書いてみようか、という気持ちになった発端だった。

しかし、それほど真剣に考えたわけではない。酒を飲みながら、思いついたことをそのままパソコンに入力し、ある程度の量がたまった段階で編集者の判断を乞うた。それがどうしたことだろう。あれよ、あれよという間に一人歩きを始め、半年も経たないうちに出版物になってしまった。しかし、完成したものを見ると、自分が狙っていた本とはちょっとかけ離れていた。出版社と事前に充分な打ち合わせをしなかったのだから当然といえば当然なのだが。

編集者の意向は充分理解できた。英語ブームにあやかり、かつ、英語を上手くなりたい人がごまんといる世の中で、もう一冊のさらなるHow toモノを出そうとしたのだった。私は、今まで話題にもならなかった新しいジャンルの本を出したいと考えていた。すなわち、英語を主題としながらも、英語学習書とはちょっと毛色の違う、すなわち英語物語のようなエッセイ集を出したかったのだ。

本を出版してもらいながらこんなことをいうのも申し訳ないのだが、書き手としての欲求不満がたまり始めたのも事実である。ならば、もう一冊挑戦するしかあるまい。それが今回の試みである。成功したかどうか、それは読者の判断に任せるしかない。

腰かけ程度だったが、アドバイザーとして働いたNGOの一つに東京財団（二〇一六年三月二六日「公益財団法人東京財団政策研究所」に名称変更）がある。新しく創設された財団で、当初の志は高かった。政府に頼らない本格的なシンクタンクを作ろうという意気込みだった。東京をニューヨーク、パリ、ロンドン、あるいはベルリンと対比できるような世界的情報発信基地にするのが夢だったらしい。そのため、発足間際は毛色の変わった講師を招き、自主講座を開催し、啓発と情報発信に余念がなかった。

それが今や政府関連機関と思われてしまうほど官僚の横滑りが激しく、当初の志とはまったく違う方向に進んでしまったが……。

その会合に何度か顔を出した。もちろん聴衆の一人としてである。そのうち、私の存在に気づいた財団の関係者からこんなことをいわれてしまった。

「英語を武器に、お前さんは世界のホットな人材や情報を集めているようだな。どうだ、できればそのやり方をここでしゃべってみたら」

人様に語れるほどのものは何ももっていないが、自分なりに学習してきた経験則が少しでも他の人の役に立てばいいのだからという誘いに甘え、四回ほど英語圏での生活を中心に個人的体験を話すことになった。義務を果たしたあと、時の経過とともにいつしか忘れてしまったが、一年半も経ったころ、その議事録とやらが送られてきた。読み直してみると赤面することばかりだ。本来の主題からややもすると脱線し、英語そのものよりも、英語を使うことによる情報収集に力点が置かれ多くの時間を費やしているのだった。

ということで、今回はその一部を参考にし、本著の意向に沿うよう編集しなおしてみた。編集にあたって特に気を配ったことがいくつかある。いかなる時代が来ようとも（もちろん、アメリカが日本を州に編入する、あるいは日本人が自らアメリカの一部になることを望んだ場合は別だが）、ネイティブの英語を完全に真似る必要はない（どうしてもと願う人は勝手にどうぞ、というしかないが。それはそれで一応の目的を達成できるのだし、本人にとってはすばらしいことなのだから）。一般的にいえば日本式英語で何ら問題はない、大丈夫だということを強調しておきたい。英語圏で生まれ育った帰国子女は別として、通常、英語を学びたいと切実に感じるのは実社会に出たときである。早くても二〇歳前後、平均的には三〇歳前後ではなかろうか。だから、この本は英語を上手くなりたいという人にはあまり役立つまい。むしろ、英語を使って何をつかむか。その道の極意を探ろうとしている人への一助になってほしいという願いから、筆者が己の無学を承知の上で著したものと理解していただければありがたい。

「二刀流英語」のすすめ——情報力・英語力を使いこなす◆目次

第2章　情報収集力がすべてを決める

第3章

情報力と英語力

第4章 情報力と英語力を鍛える実践現場——国際ペンクラブの体験を通じて

第5章 応用編

第1章

国際語としての英語について

英語は国際語、母国語にあらず

冒頭から私事《ワタクシゴト》で恐縮だが、子供がオーストラリアのシドニーで生まれたものだから、私は、英語圏の国に住んでいるという利点をこの際フルに活用し、子供には初めから英語で話しかけるよう努力してみた。今から振り返ってみれば子供を実験台にしたわけである。だから、子供の口から初めて出た言葉が「ノー」だったとき、お父さんは万歳した。大脳に最初にインプットされた言葉が英語と思っただけで舞い上がったのだから、ノーテンキといわれても仕方あるまい。大人の反応を敏感に察知したためか、あるいは大人が振り回されるのが面白かったのか、以来、子供は何事につけ「ノー」を連発した。

親バカぶりはこのとき以来で、なんとかして英語を日本語と同じように使えるような教育環境を用意してあげたいと思うようになった。しかし、仕事のほうは個人のわがままをそれほど容易に聞きいれてくれるわけではない。一年半足らずして帰国となった。それからだ、我が家の実際の英語教育奮闘が始まるのは。

ともかくできるだけ英語環境にさらすことを心がけ、昼は物語を中心とするテープやビデオを見せ、寝るときは英語の絵本の読み聞かせを続けた。二〜三年続けるうちに、読み聞かせた本ならすべて暗誦できるほどになった。もちろん、親子ともどもだが。

四歳になったとき、東京タワーの近くにインターナショナル・プリ・スクールがあり、校長先生がオーストラリア人だというのを聞きつけ、早速会いに行った。教会付属の施設で週三日制であった。私たちの住まいは浦安で、まだディズニーランドも開設されておらず、ようやく湾岸道路が開通したばかりだった。

以来、週三回、私どもは早朝に家を出て湾岸道路をひた走り、子供をプリ・スクールに送り届けるのがルーティーンとなった。学校は午前中だけだったから、その間、両親は家にいったん帰るというわけにもいかず、結局、三時間あまりの時間を持て余し、喫茶店をうろうろすることになった。学校では歌の練習や庭での団体遊戯、工作、お絵かきなどが中心だったが、英語は目を見張るばかりの進歩を見せた。ひとえに環境のなせる技だろう。

もちろんすべてが順調であったわけではない。とりわけ、本人の精神的負担は想像を超えていた。当時、両親とも日本人でありながら子弟をこうした学校に通わせるのは例外中の例外だった。大半は国際化の波を親が感じとり、先行教育投資の形で行われた。ただ、私が承知している限り、一〜二年を経たずして方向転換を余儀なくされたようだ。子供が馴染めないとともに、親もまた環境に適応していくことの困難さを実感したからだ。我が家も同様で、さまざまな文化摩擦を体験した。無事修了できたのは幸運としかいいようがない。

やがて小学校に進級するときがきた。家では子供をどこの学校に入れるかで連日、議論が続いた。基本的問題は、これほどまで苦労させて子供を英語環境のなかに置かなければならない背景は何なのか、将来に対する明確な目的があるのか、あるにしてもその選択は子供にあるのであって親にはない等々、議論が尽きることはなかった。

日本の義務教育から子供をはずし、東京にあるインターナショナル・スクールに送ることから生じるもろもろのインパクトを予測することは不可能だったし、我々の想像力をはるかに超える難問ですらあった。その間も子供の英語に関する能力は飛躍し続けた。とりわけ英語を聞く能力は親をはるかに超えた。

ある日のことだった。意を決した母親が東京で名の知られたインターナショナル・スクールに進学相談をするからといって出かけていった。しかし、相談に要した実際の時間はごくわずからしく、彼女は日がな一日正門近くの前に立ち、生徒たちの行動を一部始終観察し続けてきたのだった。そして、帰宅するや一言「どう考えても、これがベストの選択とは思えない。まずは日本人として育てるのが常道で、日本の教育システムに子供を戻したい」。

彼女の話を詳しく聞いているうちに、私は反論する根拠を失ってしまった。

それから苦しんだのは子供のほうだった。国内での文化摩擦に巻き込まれてしまったからだ。まったく違う環境に投げ出されたのだから、その葛藤は想像を超えていたはずだ。しかし、親としてはなんとかして身につけた英語だけはそのまま維持させてやりたい。結局、プリ・スクールの先生に家庭教師として家に来てもらったり、別に英語のレッスンに通わせたりして最低限のレベル維持を図ることにした。

それにしても小学校の六年間は長い。周囲の子供たちは三〜四年生ごろからすでに中学への進学を目指し塾に通い始める。となると一人だけ他のクラスメートと違った勉強を続けさせるのは親にとっても、また本人にとっても悩みとなる。

ある程度クラスの動きと歩調を合わせながら、幼児時代に身につけた英語感覚を最低限維持することに努め、中学進学まで中断させることなく維持させることに成功したが、振り返ってみれば僥倖としかいいようがない。ただ、そのおかげだろうか、英語力、とりわけ聞く能力が身についたことは間違いなく、それが国際的な会議に出ても気後れせず対処できるようになった一つの成果だろうか。かといってそれが最良の方法かどうか自信はない。結果としてそうなっただけのことだ。

中学になれば英語が正課となる。後は英語の先生を中心に、学校の方針に任せておけば本人もおのずとその環境のなかで学習するようになる。

英語は手段に過ぎない

英語教育に関する身近な体験談は尽きないが、強調したいのは、日本という環境のなかで英語環境を維持させていくのは並大抵のことではないということだ。そして、その努力の割には限られた結果しか生まれないことも事実である。

日本で生活する限り、どこかの時点で過酷な受験戦争に巻き込まれることは避けられない。となれば、せいぜい子供時代の学習成果として残るのはnativeに近い英語の発音能力くらいではないか。それほどの時間、労力、資金をそそぎ、家族全体が苦労する必要はどこにあるのだろうか。当然の疑問である。

だから、この本はそうした特殊なケースを想定しているわけではない。ごく普通の平均的日本人を想定して書いているつもりだ。

もう一つのねらいは英語をあくまで手段として学習してほしいという願いが込められている。その意味で現代社会における情報の重要さを英語と絡めあわせることで、英語学習の重要性を強調している。

「日本人として生まれ、育まれてきたDNAを英語のなかに持ち込むことが肝要である。それがあなた自身の生きた英語となる。同時に相手はあなたのオリジナリティに注目することになる」とでもいえよう。

英語を覚えると人生得することがたくさんある。情報の面白さ、すごさを認識できることがその最たるものであろう。その上に新しい友情と国際理解が手に入り、自分の世界が実に大きく広がっていることにも気づくであろう。

私にとって最も忘れがたい体験を一つ挙げてみたい。

アメリカがイラク攻撃を始める直前、私はロンドンに向かっていた。アメリカの動きに不安を感じた友人からいろいろな情報が送られてきたことが最大の要因だった。なんとしても攻撃開始以前にロンドンに到着しておきたかった。情報を送ってくれた相手は、職業も住んでいる所もばらばらで世界中に散らばっていた。

ロンドンで亡命生活を強いられてきたクルド人は「なんとしてもロンドンに来い」と矢のような催促だった。アメリカのイラク作戦の全貌を教えてやるから、などと悩ましいことをいう。実は攻撃前に彼らは何度もアメリカの関係者から招請され「サダム・フセインの支配するイラクを最も効果的に支配するにはどうすればいいか」とたずねられ、その際にしたレクチャーの概要を教えてくれるというのだ。

オーストラリアの弁護士は「オーストラリア政府のやることを信じるな」と警告してきた。彼らはアメリカとイスラエルの強い影響下にあり、自主路線を貫けないのだという。アメリカのニューヨークからは「反戦デモが徹底して押さえられている、今やアメリカはポリス国家に成り下がった」と嘆いてよこした。ヨルダンのアンマンからは「アメリカとイギリスの蛮行に、ただただ口をあんぐり開けているばかりだ」と絶望的な知らせであった。

ブラジルのポルト・アレグレからは赤ちゃんを宿したという朗報だった。そして「新しい生命が宿ったことで、父も母も再び生まれ変わった。だから、ここでは新しく誕生した三人の人間が生命の驚異をかみしめている。それなのにイラクでは無数の子供や市民の命が散っていく」とその無力さを嘆いてよこすのだった。

こういう情報が入ってきた以上、一〇〇万人デモが予定されるロンドンになんとしても飛び、この狂気の時代の証人になりたいと思うのだった。英語を共通語とすることで、世界中至る所で世界の人々と同じ気持ちを分かち合うことができる。もちろん、楽しいことばかりではあるまい。でも人生を多くの人と分かちあう、その連帯意識を是非体験してほしいと思う。そのためにも英語をマスターして真実を知ってほしい。

いかにして英語コンプレックスを乗り越えるか

英語に対する免疫のなさはいったいどこから来るのだろうか。おそらくその心的要因をはっきりさせないことには英語をもう一つのコミュニケーションのツールとして我々が心理的抵抗なくして使うことは難しいのではないか。国際人として、あるいはグローバリゼーションに適応できる人材育成を国家が主導する昨今でも、その基本的なコンプレックスは残るのではないか。

私が英語に初めて出会ったのは中学校に進学したときだが、そのスタート時点ですぐにつまずき、最初の一学期、いや一年間を通じて成績表では二という評価が四つ見事に並んでいた。その評価結果がまた英語をよりいっそう嫌いにさせる方向に追いやっていくのだが、よくよく考えてみると最初の英語担任と波長がまったく合わなかったことにすべては起因していた。

終戦間もないころゆえ、ついこの間まで鬼畜米英が使う敵性語として目の敵《かたき》にされてきた英語を自在に使える教員などほぼ皆無だった。それでも読解力に関しては旧制高校時代に鍛えあげられた者もいるにはいたが、いざ、使える英語、すなわち発音と会話はまったく問題外だった。それゆえ英語に関して無知だった中学一年生にとっては担任の発音は滑稽な感じさえしたものだ。

その頃の東京、横浜では焼け残った主要な建物はことごとく進駐軍に占領され、彼らが我が物顔で町中を徘徊、大声でしゃべっていたから、おのずと耳は特異な発音でしゃべる英語の特質を感じとっていた。

担任は照れ隠しなのか、あるいは癖なのか、英語の教科書の、それも短い文章を読むたびに「アーシュ（a-sh）」という感嘆詞のような言葉を断続的に発し、間合いをとった。その発音を初めて耳にしたときに感じた強烈な印象は正直いって胸糞悪くなるもので、英語に対する拒絶反応は必然だった。

そのときから自分勝手の解釈が先走りしてしまい、いつしか「アーシュ」と聞けば、それは日本語で「えーと」と同じ意味だと信じ込んでしまった。その頃の教科書は「Jack and Betty」だったが、授業はクラスの全員が大きな声で朗読し、その後、一人ひとりが日本語に翻訳するのが定番だった。それゆえ、自分の番が来ると、私は間合いをとるが如く「アーシュ」を繰り返した。

何回目の授業か詳しくは思い出せないが、あるとき、私の朗読が始まってからまもなくして担任が突然怒りだした。何を怒っているのか本当にわからなかったのだが、「なんだ、その態度は。ふざけるのもいい加減にしろ」と詰問するではないか。それ以前にも私が「アーシュ」というたびにクラスの何人かがくすっと笑うこともあったので、あまり使うべきではないなあ、とうすうすは感じていたものの、その反面、習いたての興奮、刺激もあり、面白半分に使っていた。

それ以来、その真似はやめたが、教師が抱いた悪感情はずっと引きずられ、その結果が一年を通じてオール2（五段階評価）の成績となった。

しかし、他方で昆虫学者になろうと心の中で夢を見始めていた自分としては英語やドイツ語は必須、それも読み書きだけは絶対にものにしなければという思いも育ち始めていた。

難しい専門用語やラテン語で書かれた昆虫の学名を意味もわからないままに暗記し始めたのもその頃からだが、あくまで学校の授業とは縁もゆかりもないものだった。

このときの体験は心に大きな傷を残すことになったが、長じて日本人がしゃべる英語についてほとんどの人が私と同じような癖を引きずっていることに気づき愕然とし、できるだけ英語でしゃべるときには無駄な感嘆詞を入れないよう心がけるようになった。そのなかでいちばん使われるのはsoと（as）you knowではないだろうか。実の話、そのいずれかを使い始めるとやめられなくなるのも怖い。実際、この二つの言葉を各文章の初めにつけさえすれば話の稚拙さは別として、延々と続けられるからだ。

二つ目の問題は語彙である。これは前記の問題とはまったく逆の、すなわち辞書に頼りっぱなしの勉強、あるいはやたらに文法を覚えたがる勉強が原因だ。工夫次第で英語は上手に進歩するようになるのだが、しゃべり始めのころはそれが邪魔になってしまう。

人の心は弱いもので、心のどこかで「自分は他の人より教養、知識がある」なんて思い込み、それをなんとなくひけらかす気持ちになる。あるいは他人の前では絶対間違いを犯したくないという完全主義に走りがちとなる。

どうということはなく、経験を積むに従ってこうした教養は間違いなく英語の上達への有効な武器になるのだが、それ以前の心の葛藤、障害から抜け出すのに途方もない時間がかかってしまう。

大学で教壇に立ってからのことだが英語を教える、あるいは英語を通じて異文化研究をする大学の先生と学会や研究会などを通じてかなり知りあい、それが縁で飲み会なるものに出席する機会も増えてきた。そのうち日本では文化・多言語研究会とか、外国人労働者、すなわち出稼ぎ外国人との異文化交流などといった研究会が至る所でもたれるようになってきた。

初めて見聞することも多く、できるだけ参加していたのだが、そのうち一つの特徴が共通していることに気づいた。先生方はどんな状況においても英語の辞書を持参し、時にはシソーラス（類語辞典）さえカバンに収めていた。

酔うにつれ、人はそれぞれ自分の得意分野の話に夢中になる。そのきっかけは単純なことが多かった。ある映画のシーンでこういっていたが翻訳自体は間違いではないが、もっと時代に即したいい方があるじゃないか、などとアフリカ系アメリカ人の英語を専門とする教授が実際に翻訳した者にいったりする。後は延々議論が続き、最後は喧嘩にさえ発展してしまう。

ある教授はオージー英語が得意でその解説にうんちくを傾ける。途端にシェークスピアを専攻する教授が半ば呆れた顔をしながら正統英語とはどこまでさかのぼれるのか、などと飛躍した問題提起を始めたりする。最後は、やれケイジャン英語（米国ルイジアナ州南部に移住したフランス系の人々の話す英語）、インド英語（旧英領インド帝国地域で話される英語）、ピジン英語（中国・東南アジアなどで話される、中国語の混じった英語）など、いわゆる植民地英語までもが飛び出し、各々は持参してきた英語の辞書を引きあいに出しながらそれぞれの持論を展開するのだった。

こうなるとまとまりなど関係なく、真っ先に酔っぱらった先生はアフリカ系アメリカ人になってしまったかのように彼ら特有のなまった英語でひたすらしゃべり、わめき続けるのだった。何年か夢を語りあう会合は続いたが、最後は仲間同士で取っ組みあいの喧嘩となり、贔屓《ひいき》にしていた飲み屋からも出入り禁止となり、いつしか解消してしまった。

このときの体験はその後もどこかで引きずっており、国際ペンクラブの会合などで著名作家の詩とか言動を引きあいに出されると気持ちが一気に萎《な》え、その場から立ち去りたくなる。

こうした心理的葛藤、あるいはコンプレックスはいつか乗り越えられると信じてきたが、その場その場での問題は乗り越えても、その後にまた新たな、それでいて同じ次元の課題が浮かび上がってくるから英語はややこしい。

一例だが、二〇〇三年、アジアから初めて国際ペンクラブ（国際ペン）の役員に選出されて以来、年を経るごとに理事、専務理事そして副会長へとポジションだけは変わってきた。ペンの仲間からすればその肩書きが利用しやすいようで、会議、あるいはセミナーなどの評価、返礼、総括などの場で突然挨拶をするよう振られることが多い。その際、彼らは決まって「つきましては国際ペン、並びにこの使節団を代表してT. Horiから一言ご挨拶、お礼を申し上げます」とくる。

この振られ方には唖然として口を開けるだけ、絶句するしかないのだが、周囲は「You are senior person」とか、「You are responsible」「You must...」などと大声で囃《はや》すので逃げ場さえ塞がれてしまう。このとき、相手は小生にBoss, Head, Leader, Seniorなどと勝手な呼称をつける。

しかし、こうした緊急事態も何度か続くと人間ゆえの悪知恵が働き始めるようだ。あくまで私の体験からいうのだが、振られた瞬間、最初の一〇秒間ですべては運命と決め、立ち上がるなり壇上のマイクに向かう。壇上に向かうときにとりあえず話す内容を何本か打ち立てる。なければ一つでもいい。

その場での挨拶となれば、咄嗟《とっさ》の一言に賭ける。「えっ、私がですか？　まったく心の準備ができていないのですが……」。こんな戯言《たわごと》をいいつつも瞬時に冒頭に話しだす言葉を決める。

名指した相手はもう一言、決定的なことをいうに違いない。それに対しては、「いや、私の専門領域ではないし……。でも、わかりました。ど素人の私の思いつき程度の話でよろしければ……」。そして、ここからおもむろに本論に向かう。

この際、いちばんありがたいのは逐語通訳が入ってくれることだ。パラグラフごとに通訳が入れば、その時間で次の内容を組み立てられるからだ。そのシステムならいくらでも話は続けられる。英語のスピーチが上手な人にかつて聞いたことがある。「どうすればそんなによどみなく話が続けられるのですか」と。

その答えがふるっていた。

「いや一枚の写真をしっかりと頭の中にきざみ込んでから話をすればいい。景色、隣りあわせの人物、時間などその場の雰囲気を思い出すことで帰結のある話は続けられるのだ」。一理あると納得させられた思い出がある。

学習の方法は人それぞれ

大学で英語の落第生ばかりを対象に授業をもたされたことがある。クラスを見渡せば、皆、生理的に英語を拒絶してきた学生でひしめいていた。英語は見るのも嫌、聞くのも嫌、だから英語を教える人間は嫌い、こんな学生ばかりであった。でも、見るからに個性のあるユニークなクラスだった。もちろん、英語に関しては初めから聞く耳をもたないぞ、という風情であった。

しかし、そういう学生だからこそ、教え方一つで豹変する気がした。彼らの大半が、良い悪いは別にして、自分が接する相手の好悪で学習態度を決めていたからだ。それなら教える側が、面白い、興味がわく、好感がもてる、そういう行動をともかくしてみることだ。それが教える基本となった。

ある学生は「英語を教える先生はみな敵」という意識を剝き出しにした。彼はすでに二年留年し、ここでまた落ちれば中退への道を余儀なくされる、そんな切羽詰まった状況だった。しかし、大学の授業にともかく顔を出しているのだから、本音はどこか違うところにあると思われた。一人ひとりの学生の癖を学習しながら、学生それぞれに対して一対一に近い授業を続けた。従って他の学生はそのやりとりを見ているだけで終わることもあった。しかし、彼らはだんだん教師と学生とのさしの会話に聞き耳を立て、関心をもち始めているのがわかった。そして、ある時点から態度をがらりと豹変させる学生が続出した。

商業高校出身で中学レベルの英語もおぼつかなかった学生は、二年後にはニューヨーク大学の大学院に進学するまで進歩した。もちろん、そうなるまでの過程では毎日のように自宅に電話をかけてきては英語の表現や勉強方法を聞くのだが、いつも最後に「先生、そんなに僕らをおだてているけど、実際にはできっこないって思っているのでしょう」といわれるのには参った。英語を教えるのに心理学が必要とは。一人慨嘆したものだった。

そのなかでも傑出して英語に敵意をもつ男がいた。前述したK君だ。テキストを大声で読ませようと名指ししたとき、彼は即座に「そんなもの、読めん」と拒絶したのだった。私は教壇を降り、彼の隣に立って、彼の座っている椅子を蹴った。「読めといわれた以上は大声をあげて読め」としつこく要求した。彼はしぶしぶ私の言葉に従った。そのとき私が感じたのは「英語が嫌いな学生は英語が嫌いなのではない、教えられた環境に反発してきただけなのだ。だから教師にこれほどまでに抵抗するのだ」と。

聞けば、彼は体育系学生で高校までは野球一筋、それも投手としてやってきたという。その男が先輩のしごきにあい、最後は肩を傷めて挫折した。その挫折の行き着いた先が「英語への嫌悪感と反抗」だったらしい。入学しても大工のアルバイトに忙しく、大学にはほとんど顔を出さなかった。

やがて、その彼が心を開き始めた。そして、ある日、自宅まで訪ねてきて真剣に聞くのだった。

「先生のいうことを聞けば、本当に俺でも英語をマスターできるのか」

「そのとおり」。私はきわめて自信に満ちた声で、かつ一言で答えた。続いて、いくつかの条件を出した。体育系の学生だったこともあり、その性格を逆に使ってみたかった。

辞書も使わず、原書を三〇回ほど繰り返して読め、と。最初は数行で嫌になるはずだ。しかし、次は一ページくらいは進めるはずだ。内容は一切わかるまい。でも続けろ。一章が終わったあたりで、ようやく一～二ページ目の大意がわかってくる。そうなれば、後は一気呵成、道は開ける。こんなふうに説いた。

そして、私は当時ベストセラーとなっていた『メガトレンド』（ピーター・ドラッカー著）の原書を彼に薦めた。章立てが簡略で、実社会において直ちにに反映できるような情報がいっぱい詰まっていたからだ。そして、授業でも話の触り部分を日本で起きている事象と結びつけて話し、関心をつないだ。学生の関心に結びつけることが最優先だったため、内容についてはかなり脚色した。今思い出しても愉快な話題を一つ紹介しておく。

「みな、若いアメリカの女性と恋をしたくないか。それもとびっきりスタイルのいい金髪娘と」。話の取っかかりはこんなことだった。誰も信用しなかった。そこで権威をつけるべくドラッカーの本を掲げる。「いや、真面目な話だ。ここに書いてある」。これで学生はとりあえず人の話を聞く体勢になる。

時代の流れを先取りする特別な州がいくつかある。その一つがフロリダ州だ。気候が温暖で、一年中、太陽が燦燦《さんさん》と輝く。それに海もある。そこに注目した老人、それも裕福な年金生活者が大挙してフロリダ州に移り始めた。しかし、老人だから一年中元気でいるわけがない。寿命も限られている。

とすれば何が必要か。彼らが生きている間の面倒を見る医者と、死んでからの相続などの始末をする弁護士がフロリダ州に移る。彼らにとってもフロリダは格好の場所だ。週末には海のレジャーを満喫できる。もともと金はあり、しかもプロフェッショナルな連中だ。それを目当てに若い女性が集まってくる。しかも働く場所はごまんとある。看護師、弁護士秘書、一流ホテルやレストラン。後は私が訪ねたときの印象、経験談を話せばいい。何人かの学生がこうした話に関心を示した。

それから二年。例の彼は『メガトレンド』をほぼ丸暗記し、私の研究室に勇躍、戻ってきた。その光景が今でも鮮明に残っている。手元の本は完全にばらけており、本の体裁さえなしていなかった。

「先生覚えたぜ。どこのページを指定してくれてもいい」。人は変わるのだ。

この本は、将来、実業の、しかも世界を相手にする仕事に進むことが夢だった彼に絶好の教材だった。各ページにはほぼ小見出しがついており、それぞれ独立した話としても使えるからだ。実社会で彼が、そのなかからいくつかのエピソードを引用する姿を想像したりした。

こうしたクラスの学生を見ながら感じたのは、人にはそれぞれの道があり、学習もまた同じではないという単純な事実だった。なせばなる。英語の授業方法に自信をもったのもこのクラスのおかげである。

だから、ここに書かれている一部でもいいから、誰かが気に入って学習してくれれば、それで私の目的の一つは少なくとも達成されることになる。

英語は敵性語？　本質を見極める力をつけよう

一時期、日本の大学では人間学科、国際交流学科、異文化学科、地球市民学科など、わけのわからぬ学部・学科が雨後の竹の子のように設立された。きつく問い詰めていくと、英語で授業をする、そして国際人、地球人を養成するというのが大学の目標だった。

しかし、待てよ、と思ってしまう。アメリカ、イギリスがイラク戦争に踏みきった際の言動をもう一度洗いなおしてほしい。彼らの前では国際法も、国連も、いわんや国際世論も無力であった。いったいどんな国際関係論を大学で教えるのだろうか。そしてまた、どんな国際人を英語を使って育てるというのだろうか。

極端にいってしまえば、英語は敵性語である。だからこそ徹底して覚え、だまされないようにする。それくらいの心がまえが必要ではないか。彼らが流す情報は操作されている、だからその偽りを見抜くだけの能力を身につける。

どこの英会話学校でも教師は生徒にこう教える。相手の家庭など私的な問題に立ち入るな、宗教の話は避けろ、等々。これもまた間違っている。ブッシュ大統領ほど神の名を乱用し、聖書を引用した男はいない。宗教に立ち入らない限り、彼らの本音を引き出すことはできない。トランプ大統領はすべてを不動産取引とディールの感覚でしか判断しない。英語と情報操作、それがアメリカの野望を遂行するための最高の武器であることをもう一度認識すべきである。

いや、目を三角にしてまで英語を学ぶ気はない、趣味の範囲で学習したいだけ、という人も多い。あるいはワイキキの浜辺に寝転び、ビーチボーイと戯れるための会話を覚えたい、そんな程度の会話なら恐れることは何もない。英語の環境に一カ月もさらされれば学習できてしまう。慌てることもなければ、英会話学校に通って大金を無駄にすることもない。

英語道を究める動機づけ

往時、オーストラリアのジョン・マルコム・フレーザー首相（在任一九七五～八三）の通訳を仰せつかったことがある。

指名されたのも仰天だった、あらゆる言い訳をして逃れようとした。その能力がないことをいちばんよく知っているのは本人である。しかし、当時はオーストラリア首相府に所属するアドバイザーであり、仕事柄逃れることはできなかった（その後、豪日交流基金が正式に発足、外務省に転籍することになるが）。日本とオーストラリアが経済を通じて蜜月の時代であった。まだ三十代、見栄も虚栄心もある。心は千々に乱れたが万事休す。両国の経済合同会議の席であった。

フレーザー首相はいわゆるオッカー（典型的オーストラリア人をいう）だから、日本人の私になどまったく配慮してくれない。

話の途中で彼一流の冗談が始まった。外務省の高官と彼とのやりとりが話題であった。ここで私の弱さが一気に出た。英語の冗談については八〜九割方ついていけるが、最後の落ちがどうしてもわからない。日本語でも同じなのだが。だからいつも周囲の人に「なぜおかしいのか」としつこく聞いて相手を白けさせてしまうこともしばしばだ。

それ以外にも弱点がある。人の名前を覚えないことだ。何年、いや数十年たっても相手のフルネームを覚えられない。本人の特徴、出会った環境については詳しく記憶しているのでさして問題はない。まあ、いってみれば環境に即応して生きる虫と同じかもしれない。

フレーザー首相の口から、次から次へと人の名前が出てくる。おそらく両国の経済人によく知られた人物に違いない。しかし、ここで私は会話の流れを完全に見失った。後は絶句。汗がどっと噴き出す。しかし、どうすることもできない。

突然、次のような言葉が思い浮かんだ。

「オーストラリア人特有のジョークです。今日ご出席の皆さんにリラックスしていただきたいというのが首相のねらいです。笑いの対象がオーストラリアの役人なので、実は私にもよくわからないのです。でも要は皆さんに笑ってほしいのですから、ここは大いに笑ってあげてください」

それに応じて会場から笑いが起こった。私には彼らが私の無知について笑ったようにさえ思えた。それはともかく会場から笑いが起こったのだ。

首相が即座に私のほうを振り向き「立派な通訳をありがとう」というと同時に「日本語は大変優れた言葉ですね。私が五分もかけてしゃべったジョークをたったの一分で通訳してしまうのですから」。

ここでどっと笑いが起きた。本当の笑いだった。首相の才覚に救われたのだ。もちろん私の無能力もわかっていた。

こうした生き生きした言葉を使えるのは、さすが国を代表する宰相だけのことはある。といっても最近は言葉足らず、まともに母国語を発言できない首相や大統領がやたら輩出しているが。しかし、こうした当意即妙な表現が自在にできるのも英語の醍醐味であろうか。

中学に進学して、即座に拒絶反応を示した科目が英語であったことはすでに話した。担当教員を嫌ったのがその原因である。それでなくとも微妙な年齢、すべてを好き嫌いで判断してしまう傾向が強かった。しかし、捨てる神あれば救う神ありだ。よくしたもので二年になってから担当が替わった。それとともに未知なる異国語に対する関心が少しずつ高まりだした。

私の関心にさらに拍車をかけてくれたのが生物担当の先生だった。結核で療養生活を強いられることになった先生だが、私の将来を案じて中学三年のときに送ってくれた手紙である。後生大事に保存してきたが、今の子供たちの教育にも役立つのではないかと思い、ここで公開することにした。

学校を休んでからはや二度目の初夏がやってきてしまいました。その後も元気でやっている由、大変嬉しく思います。僕もいま少し早く学校に出られると思っていたのですが、予想外に長引いてしまい、自分ながらあきれています。しかし今ではほとんど良くなっているので早ければ君等が卒業する前にでも学校に出られるのではないかと思っています。クラブのほうも僕がすぐに学校に戻れると予定していたのでしばらく続けていたのですが、予定が長引いてしまったので一時、無くしてもらうことにしました。君らに大変申し訳ないと思っているのですが、やむを得ずそのような措置をとりましたのでご了承ください。

三渓園のM先生にご指導を受けているそうですが結構だと思います。先生とは一昨年、本牧海岸でいっしょに採集をし、また研究会などでもよく一緒になりましたのでよろしく申し伝えてください。

M先生は、昆虫はもちろん、その他海中、水中の動物やクモ等の知識が大変に広い先生でありますので種類の鑑定、及び交換の方法などして指導していただくのは大変よいと思います。特に幼虫の飼育、及び野外の観察等も先生独自の方法をお持ちのことと思われますので、時に触れ、折に触れて君自身で見習うように、よくご指導いただくのもよいと思われます。

もう三年だね……。君の好きな動物の研究を続けていくには君の目指す高等学校へ必ずパスしなければ続けていくこともできないと思いますので、今は第一に進学のほうに力を注がれることを望みます。

君の好きな研究を単なる趣味で終わらせないように……。前にも言ったと思いますが、昆虫に関するいろいろな研究の面白い結果が外国から沢山英語、独語、仏語で雑誌に発表されますし、高校、大学と進まれれば必ずこれを読まなければなりません。また日本の学者でも発表する時には必ずこれを読まねばなりません。その他、昆虫の生態（分布や昆虫の生活様式）を調べるには数学の知識がどうしても必要になります。これらの勉強は高校に入学してからやる訳ですが、特に外国語、数学、理科は君の好きな研究を続けていく為に、また高校に入学する為にぜひ勉強してください。そして、切に希望した高校に入学されることを切望しております。

僕もなるべく早く学校に戻る積もりでおります。中学校生活最後の学年を大いに頑張ってください。

昭和三〇年六月二〇日

星野憲三

注：文中にあるM先生からも大いなる刺激を受けた。とりわけラテン語、英語に対する学習が進んだのは彼が外国の昆虫学者を紹介してくれたからだった。この分野ではよく知られた少壮の動物学者だった。星野先生同様、肺結核で療養中だった。しかし、結核はかなり進行していたようで、その後間もなくして早世された。

この二人から受けた影響のなんと大きいことか。やがて外国語を通じて異文化に対する関心も次第に深まっていく。要は語学に対する才能のあるなしではない、いかに動機づけるか、その一点に尽きる。それこそ指導力そのものといっていい。

リーダーたちの英語

英語には直接的な表現による誉め言葉がたくさんある。たいていの言葉は日本語に直すと白けてしまうが、次頁の図で紹介したような表現であれば日本語でも十分な迫力をもつ。ただし「それでは指導力とは何か」と問われると口ごもってしまう。日本のそれと外国が期待するものとは大いに違うからだ。

(UNOFFICIAL TRANSLATION)

Prague, November 13, 2001

Dear Professor Hori,

I would like to thank you for your invaluable help in organizing the five-year cycle of the Forum 2000 conferences.

It was due to these gatherings that we were able to welcome in Prague a number of remarkable personalities from all over the world who presented their broad range of opinions on threats and challenges faced by our civilization. As you know the main purpose of our conferences was to try to find out why the humankind does nothing to avert the threats about which it already knows so much.

As you also very well know, the Forum 2000 conferences, particularly in their early stages, were not only praised but also served as the target of malicious remarks about the „wise men at the castle". The events of September 11 of this year provided us - with horrifying urgency - with the evidence that the basic principles of our discussions that we formulated as back as in 1997, are today still very relevant. I think that it is necessary to continue in looking for the ways how to avert these suicidal trends and in this effort I see the future of the Forum 2000 project.

If today the five-year cycle of the Forum 2000 conferences is recognized as a very valuable contribution to the global dialogue it is to a great degree also thanks to your efforts.

I am very well aware of how much time, work and ideas you contributed to the project Forum 2000 and, therefore, please rest assured that I very much appreciate this fact. As we intend – in slightly changed format – to continue in future, it is my great wish that our mutual cooperation will also continue.

Sincerely yours,

Václav Havel
(signed)

The Honourable
Takeaki Hori
Professor of the Charles University
Prague

Prague, October 5, 1997

It was a great joy and an honor to have been your hosts for the FORUM 2000 Conference. Both of us are pleased with the results of this gathering which met all our expectations.

We hope to see you again at one of our future conferences. Once again, thank you for playing an active role in the proceedings.

Sincerely,

Václav Havel
President of the Czech Republic

Elie Wiesel
Nobel Peace Laureate

Mr Takeaki Hori
Advisor to the President

チェコのハヴェル大統領（当時）より贈られた感謝状

外国では数多くの指導者に会った。こちらが思わず震えがとまらなくなるほどの迫力をもった人も何人かいた。もちろん、あたりを睥睨《へいげい》、威圧するのも一種の迫力だが、そうした権威はやがて人に見透かされる。私が感じた本当の迫力とは、教養、知性、倫理、道徳、などが渾然一体となってかもし出される総合力、ある種のオーラとでもいったらいいのだろうか。

分野によっても判断の基準が違ってくる。政治の分野と財界では求められる指導者の質が明らかに違う。南アフリカのアパルトヘイトを撤廃したフレデリック・ウィレム・デクラーク元大統領（在任一九八九〜九四）は「忍耐と許容」に裏づけされた信念の持ち主である。だから、どこへ行っても軸足がぶれない。

こうした指導者が話す英語で、今でも頭の中にこびりついている表現がいくつか残っている。その代表例が「I don't want muck about (around) trifle matter」といって並み居る大会社の社長を前に議事をどんどん効率よく進めていく姿だった。日本なら経団連の幹部会にあたる席でのことである。

日本に数千万トンの鉄鉱石を毎年輸出するハマスレー鉄鋼会社のマディガン会長であった。この言葉を彼は実によく使った。しかし、何度も聞いているうちに、なぜ誰も反論しないのか、不思議に思うようになった。この言い回しを聞いているうちに実に不遜に聞こえてきたからだ。

問題は二つある。一つはmuck。辞書を引いてもらうとわかるが、いずれもいい意味はない。ガラクタ、台無しにする、ぶらぶらする、馬鹿な真似をする、等々。もう一つはtrifleである。これもまた同じである。つまらない、くだらない、もてあそぶ、等々である。だから、聞いているうちにマディガン会長は内心いらいらしているに違いないと思うようになった。直訳すれば「ばかばかしい。そんなつまらんことに時間を浪費したくない。さて次の議題に移ろう」。そんなふうに聞こえたのだ。

しかし、彼がこの表現をどんな場で何度言っても出席者は依然として異議を唱えない。さりとて彼もいらだった表情は一切見せない。結局、その場の雰囲気を理解するのに一年近くかかってしまった。

そうなのだ。誰もが冗長な会議にうんざりしており、しかも生産性がきわめて低いことを知っているのだ。それを知っているからこそ全員の気持ちをマディガン会長が代弁していたのだ。会議の議題を用意し、その裏づけ資料を準備した事務局自身にも向けられた言葉であった。

指導者はその場全体の雰囲気や流れを知り尽くしている。

自己主張ができる言葉

アメリカ、イギリスがイラクへの攻撃に踏み切った日、私がロンドンにいたことは前述した。

大規模な反戦デモが起こることは充分予測できたし、それを期待してわざわざこの地までやってきたのである。ロンドンに到着して二時間後、米英連合軍がバクダッドを急襲した。一方的な戦争が始まったのだ。

私は現場からの報道が続くテレビを飽くことなく見続けていた。しかし、二四時間で関心を失ってしまった。なんと空虚な言葉の羅列であることか。報道記者の誰もが政府の影響下にあることは明らかだった。もっといえば商業テレビの枠内での統制されたプロパガンダに過ぎなかった。すべてが操作され、都合のいいように踊らされている姿であった。

二日目に友人から連絡が入ってきた。英国の社会党、共産党、環境・人権グループ、労働組合が中心になって週末の二二日土曜日に大規模なデモを組織するというのである。集合場所、時間などはあいまいだったが、私はロンドン市内がデモ隊で埋め尽くされる光景を思い描いた。実はそれがとんでもない間違いだった。ロンドンはとてつもなく広い。それも至る所公園だらけだ。五〇万人や一〇〇万人の大衆を動員したとしても、ハイド・パークに楽々と収容できてしまうほどだ。

早朝から私はロンドン市内をほっつき歩いた。警察の動きからデモ隊が集まってくる様子まで、現場に身を置きながらあらゆる事態を観察しようと思ったからだ。大英博物館近くのホテルからオックスフォード街に向かう途中、すでに道路という道路には警察官が張りついており、交差点のほとんどに仮設の鉄柵が設けられていた。すぐそばには数台の警察のバンが止まっており、ロンドン市内がまさに東京虎ノ門のアメリカ大使館前の道路と同じ状態になっていた。それが午前九時の状況であった。デモ隊の結集時間は一時と予告されていたが、警備に関する限り万全であった。

オックスフォード街からチャーリング・クロスを経てトラファルガー広場、国防省に向かうにつれ、警察官の数がさらに目立つ。もちろん、道路は完全閉鎖、場所によっては三重、四重の鉄柵が設けられている。動き回るうちに、かつて黒ヘルをかぶって成田飛行場開設阻止デモに参加したときの雰囲気が思い出され、身体そのものが興奮し始めるのだった。

午後二時を過ぎたころだった。デモ隊の先頭がピカデリー通りに向かい始めたという情報が入った。私としては、できればデモの先頭から最後列までその動きの一部始終を見届け、あらゆる階層の人と交じりあい、簡単なインタービューをしたいと願っていた。ほぼ二人に一人の割合でプラカードを掲げて歩いている。いちばん多いのが、「no war with Iraq」「NOT in my name」「FREE PALESTINE NOW」「NO BLOOD FOR OIL」といったものであった。プラカードを掲げている人に聞いてみると、彼らが属する組織が提供したとのこと。結局、すべてはオーガナイズされているのであった。

しかし、デモ隊の群れに、時に合流し、時に逆らって歩くうちに、それらの言葉のいくつかが妙に気になり始めた。なぜかテレビに映るブッシュ大統領の映像とダブり始めたのだった。周囲が何といおうとテレビに登場するたびに彼は戦争への歩みを間違いなく、しかも確実に進めていた。同時に、その決意を披瀝するときに決まって聖書を持ち出し、神の庇護を強調する姿であった。

それが鍵となった。「NOT in my name」の意味するものが、実はこのブッシュの行動に徹底的に対抗する反語であると初めて理解できたのだった。

だから、即座にこの言葉を訳すのなら、「神に誓って私はこの戦争に反対する。それが私の完全な意志だ」くらい過激な訳語でないといけない。

こうした短い表現に強い気持ちが込められているのを即座に理解し、それに相応《ふさわ》しい訳語を見つけられるかと問われれば、もちろんノーである。それだけの研鑽を積んでいない。だから「戦争」のような非常事態になると、人はもちろん国家、組織の思想や態度も明白になる。テレビの放映が画一的で、かつ浮わついた愛国主義に走るのは、国家という組織に完全にbuild inされてしまっているからだ。CNNは今や世界のニュース放映を独占しかねない勢いだが、そのアメリカ一辺倒ぶりには目を覆いたくなる。

それに対抗して非英米系のテレビが登場した。例のアルジャジーラである。アラブ側に立って真実を放映するのがその目的だから、当然CNNとはぶつかりあう。使う言葉すらまったく逆である。だからこの二つのテレビを見ていると、イラクと英米軍の戦いはアルジャジーラとCNNの争いにも見えてくる。言葉と真実、どちらが正しいのか。まさにブッシュが口癖にいう「正義」の相対性が丸見えになる。

さて、ここで本道に戻る。実は「NOT in my name」を生み出した張本人はブッシュその人である。いやブッシュのスピーチライターといったほうがいいかもしれない。九・一一テロ事件でブッシュはテロ国家アフガニスタンへの戦争を直ちに決意している。アフガニスタンを支配するタリバーンを壊滅させるためである。そのときに国民に訴えるべき言葉として考え出されたのが、「in the name of America」という言葉であった。世界に対して、アメリカ一国主義を打ち出したといってもよい。それに多くのアメリカ人が反対した。「冗談じゃない。アメリカ人だなんて十把一絡げに扱わないでほしい。少なくとも私の名前は使ってほしくない」。この自己表現がこの時の戦争に転用されたのである。なんと皮肉なことか。

George Bush, how many children did you kill today?

これはきわめてどぎつい表現である。これもデモ隊が大声で叫んでいたスローガンの一つである。多くの若者が、この表現を使ってシュプレヒコールを繰り返していた。日本のデモのシュプレヒコールとの大きな違いは、間延びせずシャープな表現となることだ。日本語では必ず最後が間延びする。

「我々は戦うぞ」「不当解雇を撤去せよ」などは常套の表現だが、戦う場合「ぞ」の後が延々と続き「ゾー」となるし、「反対」なら「ハンターイ」となる。それが英語だと逆だ。「ジョージ・ブッシュ! ハウ・メニ・チルドレン・ディィッジュ・キル」となる。一つひとつの言葉がリズムをもち、すべて強調される。それだけにインパクトも強く、こちらの意思が間違いなく相手に明確に伝わる気がする。

英語の地域特性とは何か

一九八九年チェコスロバキアのビロード革命はバーツラフ・ハヴェル大統領の人生にとっても決定的な影響を与えた。反体制派の劇作家としてすでに名を成した存在であったが、東欧の解放をもたらした結果、まったく予想もしない人生を歩むことになった。国民から大統領に奉られ、作家よりも政治家としてその後の一二年を過ごすことになる。もちろん大統領が直面した問題は複雑なものばかりであった。一つの体制が転覆し、まったく反対の新しい価値観が生まれたのだから、その心労も想像をはるかに越えたに違いない。多くの難問のなかでも厄介だったのは私有所有制度の復活、国営企業の民営化、ならびに共産党政権を支えてきた秘密警察、共産党幹部の処遇であった。

建物、土地を例にとってみよう。共産党国家によって没収されてからすでに五〇年以上が経過している。元の所有者の多くは海外へ移住してしまっているか、すでに死んでいる。

政府の古文書館に放置されてきた旧土地台帳を引っ張り出して元の所有者に連絡するだけでも大変な作業であった。元の権利を復活させるにあたり多くの関係者が名乗り出て、いまだ解決されていない物件も多く、悲喜劇が各地で起きている。もともと裕福、かつ不動産に固執していたユダヤ人の大半はアウシュビッツ送りとなり、子孫が途絶えてしまったケースも多い。それに悪乗りして乗っ取りを謀る者も出てくる。こうなると権利が入り乱れてしまい、買うのも厄介である。実際に、買ってみたら他人の権利だったなどという悲劇が生まれている。

この原状回復を図る作業を東欧ではrestirationと呼んでいる。

だから、この地域を訪ねたときには、この言葉を使ってみるといい。それだけで相手は聞き手の博識にびっくりし、かつ心を開いてくれる。こうした、その地に特有の悩みや問題、それもその社会の根幹に関する問題を一言で表現できる言い回しを覚えておくといい。

もちろん、社会の推移とともに言葉も変化する。とりわけ時事に関する言葉は変化が激しいので時代遅れにならないよう注意しよう。かなり前に流行ったaffirmative action, politically correct, japなどは使い古されてしまって死語に近い。今流行りのglobal commons, global public goodsなどもいつまで使われることやら。グローバルに最も合った日本語すら完成していないし、故郷、少数民族、言語などをどうグローバル化しようというのだろう。言葉だけが独り歩きし始めている。

二〇一七年にアメリカの大統領に就任したドナルド・トランプは、ホワイト・ハウス内で「多様性」という言葉を使わないようスタッフに指示しているという。そんな時代である。日本も同じような状況で、言葉が壊れていく気がしてならない。

我流英語のすすめ

さて、この本を書くにあたりいくつかの主義を貫いてきた。英語に関しては、英語を母国語とする人の手は一切煩わせなかったことだ。英文の校正を経ないでそのまま出すのは私にとって初めてである。単純、かつみっともない誤りが語彙や文法などでたくさん見つけられるはずだ。しかし、私はあえてそれを貫いた。いや、本来の目的の一つにそれを含めたといってもいい。これほどまでに時間とお金を費やしながら、それでいて日本人は世界で最も英語を不得意とするといわれて久しい。その理由を考えてみたかった。

我々は英語に関していえば完全主義者だ。それは日本の教育の根幹を成すものでもあるが、欧米に追いつくために徹底した模倣が容認されてきたからでもある。それを経て初めて彼らを乗り越えることができる、と何度教えられてきたことか。それを口酸っぱくいわれ続けているうちに、精神的に金縛りにあってしまっているのだ。

確かに飛びぬけて優秀な人物は、いつの時代にもこの過酷な要求を楽々と乗り越えてきた。朝河貫一、南方熊楠の英語は今読んでも感心してしまう。あれほど教養ある英語を明治生まれの日本人がものにしているのだ。

しかし、私たちは究極の英語の鉄人を目指しているわけではない。手段として、国際舞台で自分の意見を堂々と主張し、時に相手と丁丁発止の議論を交わし、尊敬と信頼に基づく真の相互理解と友情が成立すればいいのだ。

完璧主義を捨てること、それを強調するためにあえて自分の欠陥をさらけだした。「自分の英語を創る」。厳密にいえば、若干本来のニュアンスと異なる表現や、時には大胆過ぎる、かつ定型を無視したような表現も使ってみた。しかし、そこに至るまでの試行錯誤、彷徨、逡巡の跡を見てもらい、そこから自分流の英語が生まれてくることを何としても伝えたかった。

発音もしかり。世界至る所、ローカライズされた英語がある。インド人、パキスタン人、あるいはドイツ人の英語を思い浮かべてみればいい。アメリカの国務長官だったキッシンジャーの英語を思い出してほしい。それでいて、あの正々堂々とした態度。いや、我々にしてみれば、ちょっと自信過剰気味にすら見える。それが「あなたらしき英語」であり、「あなた独自の英語」につながるのだ。

私はあくまで「ホリ式英語」に固執したい。人生、極めたいことは山ほどある。しかし成人してから学習する外国語については残る人生すべてをささげてもnativeにはなれないと思っている。ならば余ったエネルギーをどこか他にぶつけたらいい。

「恥かき英語」に自信をもつことだ。そのためには自分の心の中に潜む垣根を取っ払うことだ。

第2章

情報収集力がすべてを決める

英語と情報収集は表裏一体

前章では、現代社会における情報の重要性を英語と絡めあわせることで、英語学習の重要性を強調した。私はかなり欲張りな目標を挙げたことになる。英語を習得すると同時に情報世界の最先端に立つ、すなわち、情報の達人になるという二兎を追いかけようというのだから。しかし、よくよく考えてみると、途中までは同じ道を歩むことができそうなのだ。

情報を収集するということは情報をあまねく外に向かって公開する・発信する、あるいは人と共有するというのと、実は裏腹の関係にあることをまずは強調したい。世間ではその逆が信じられており、いい情報は秘密にしておくのがベスト、それが習い性になっている。人を出し抜くような商売なら、そういうことが適用するかもしれない。しかし、一般的には逆のほうが多い。良い情報を公開、流し続けてこそ、よりいっそう高次元な情報が手元に入ってくるのだ。

その意味で、情報が何であるのかを見事なまでに理解し、かつ上手に利用した達人といえば、やはり司馬遼太郎さんを筆頭に挙げねばなるまい。

新しい本の企画が決まると、まずは神田、京都の古本屋が総動員され、トラック一台分の関連書籍が彼のもとに集められる、あるいはその分野に特化した専門書店の棚がガラ空きになるとさえ聞いたことがある。これは日頃から、彼が古本屋の店主にいい情報を流し続けていたからだ。だから店主は司馬さんの次の作品を想定しながら、新しい資料をあさり続ける。

また、いざ原稿に向かって文章を書き始めると、それこそ一字一句熟考しながら書く作家であった。多くの言葉に悩んだであろうことは想像に難くないが、晩年になっても悩み続けた言葉の一つが「人」であったという。

人というのはカタカナで書けば当然「ヒト」になる。最近では「ヒトゲノム」などという言葉が新聞紙上を賑わせている。遺伝子研究によって「人」が一つひとつの生理的な機能に分解され、その結果、カタカナで「ヒト」となるようである。

あるいは「人」という漢字もある。この場合、まずは普通の人、いわゆる普遍性に重きが置かれるのだろう。それがさらに複合化されると「人々」と呼ばれるようになる。

ここで日本語を飛び越え、英語での表現を考えてみる。おそらくpeople, man, human beingなどが思い浮かぶが、その他に「others」とか「party」という表現もひょっとすると該当するかもしれない。重複したグループとしての人々。その上に、さらに人間関係を集約させ、突き詰めていくと「人間」という言葉に行き当たる。直接的解説をすれば、人間という言葉は「人」と「人」の「間」だからその間には常に隙間がある。

一種の言葉遊びになるが、この人から人へと流れていくその空間が情報の生きるスペースになる。社会のなかで生きていくための情報を集め分析するには、人が人の間にいない限り、情報は集まらないし、またその情報に命は吹き込まれない。当然、情報は生きてこないし、役にも立たない。

その最も卑近なケースがゴシップであろう。これだけ長いこと不況が続くとゴシップ的情報の恐ろしさ、すごさが身にしみてわかる。大半の人間はいずれかの組織に属しているのだから、一種の会社人間である。もっと広くいえば組織人間である。そして、組織ということになれば、少なくとも二人以上の人間が集まらなければならない。法人とはよくいったもので、人が集まってできた組織に人と同じ権利と義務を条件付きだが与えるのだ。要するに人とみなす。ここでは常にゴシップが渦巻いている。どんなに禁止してもゴシップはやまない。当たり前のことだ。

ある人が何かを相手にしゃべる。聞いた相手は自分の能力と、今までに学習したその人に関する知識をもとに解釈し、理解する。それだけですでに発信した人の期待値とは違っているはずだ。その人がさらにもう一人の人にしゃべろうものなら、そこでゴシップが成立する。良い話も悪い話もあるに違いないがゴシップはゴシップだ。

笑えない話を一つ。海外に赴任した二組の夫婦が仲良くなった。ある日、ご婦人二人がお茶に出かけ、その帰り道で交通事故を起こした。それはちょっとした物損事故だった。事故を起こした人はなぜか、相手に対してこの事故の件は絶対に内緒にしておいてね、と頼んだ。自宅に帰った彼女は、何気なく一部始終を旦那さんに話した。それが回りまわって事故を起こしたご婦人のご主人に伝わった。たいした事故ではなかったのに、大げさな話に発展していた。事故を起こした奥さんはこれでヒステリーを起こし、相手の家に怒鳴り込む騒ぎになった。以来、同じ事務所で働いているすべての人がこの事件に巻き込まれていく。

これを情報という面から見るとどうなるか。絶対内緒といった、その言葉に実はウイルスが潜んでいたのだ。内緒・秘密と聞いただけで、相手は心のどこかで人にしゃべりたい衝動にとらわれるはずだ。一般的に外国社会ではこうした話をゴシップの雪だるま式効果(snow ball effect)などという。

「車を傷つけてしまうなんて、日常茶飯事でね」と笑って過ごせばこうまで話は飛躍しなかったはずだ。

判断、対応すべてを間違えたとしても、これも人間社会においては一種の特有な情報である。そして、問題なのは大半の人間はゴシップが大好きなのだ。だからこそゴシップに弱いのもまた人間ということになる。私などは人様の話題になっただけで胃痙攣《けいれん》を起こしてしまう。ともかく自分が人のウワサの対象にはなりたくない。経験則から割り出した知恵である。いや、知恵とまで呼べないかもしれない。単なる学習能力かもしれない。

今やメジャーリーグに続々と日本人が挑戦する時代になった。移籍して活躍しているプレイヤーに共通していえることは、ゴシップに動揺しないことだ。心の中は読めないが、ひょっとすると、人間である以上、心穏やかならざることもあるに違いない。しかし、引きずることはない。

会議などではなるべく目立たないように行動し、できれば発言を避けるのが日本社会の常道になっている。記念写真でもなるべく背の高い人の影に隠れ、映らないようにしている。ここまで来ると病気に近いが。気づいてはいるのだが、なおかつ避けて通りたい。インスタグラムなどは絶対にお断りだ。

最近の若い人はこんなことには無頓着で、かえって目立ちたがり屋が多い。テレビのカメラがあろうものならアメリカ人とまったく変わらない行動に出る。変われば変わるものだ。しかし、悪いことばかりではない。こういう世代が続けば英語上手の人が輩出することも間違いない。私たちが英語を勉強したときは「yes」という言葉でさえ、のどに引っかかったものだ。

実際、まったく内容のない発言をし続けた友人は国際的に名の通った大学の教授に就任している。発言する、すなわち情報を発信し続けることが英語社会では絶対に欠かせない条件となる。逆のケースもある。日本では温厚、人柄の良さで知られる学者が海外では一顧だにされなかった例だ。後で聞いたのだが、副首相が主催した戦略会議で何もしゃべらなかったのが誤解されたのだった。

いかに優れた学者だ、人格者だと、第三者が後で副首相に説明してもあまり効き目はなかった。本人同士が直接会い、しかも一日たっぷり議論を交わすことができたのにもかかわらず、本人が発言しなかったのだから、彼に強い印象を与えることはできなかった。要するにプレゼンテーションが存在しなかったのだ。自ら発言しない限り、海外では自分の所在はもちろん、評価を得ることはできない。

極端なケースだが、山小屋に蟄居《ちっきょ》して一生懸命原稿を書き溜めても、そのままでは誰も読んではくれないし、評価もない。へそ曲がりな人物は自分を含めどこにでもいる。「いや、それでもかまわない。自分が死んだ瞬間、頭の中に蓄えてきた情報は腐敗という化学反応を経て、最後は溶けて消えてしまう。だから、今のうちに書き残しておきたいだけだ」と。確かに情報も肉体の一部ゆえ、そのまま放置すれば溶けて土に戻ってしまい、情報として生かしようがない。

そこで、前にも述べたように、情報を「人々」、あるいは「人間」に移管させるとどうなるか。時にゴシップで終わることもあるが、途端に情報に付加価値がつき始める。情報をうまく活用した人間は自分の属する家族や社会、国家に対する語り部として、次の世代に伝えることさえできる。そして、その情報はその生き延びた時間だけ歴史をつくり、時には社会慣習となって世代から世代へと蓄積され引き継がれていく。

だから、情報に対する私自身の基本的姿勢は何か、と問われれば、情報は動かし、自分のところで死蔵させない。手に入った段階で「人々」の間に流通させる。それが基本姿勢であると断言できる。となれば、恥部をさらけだす作業もその一環で、私の友人の学者が本能的に行動で示してくれたこともその裏付けだ。人と人の間で熟成する、あるいは消えていく、あるいは加工され伝播していく、そこに情報の醍醐味がある。

日本人が英語を習得する意義があるのはまさにこの点で、「人々」の上に、さらに「日本語を母国語としない人々」との間で世界が広まることを意味する。そう考えるとなんと壮大な人生であろう。

人間と自然の関係がこれほど濃密で、渾然一体として構成されるアジア社会は、その意味で、白黒をいつもハッキリしなければすまない西欧合理主義に勝ることがある。しかし、それを英語でどう表現するか、という次元になると、それができる人は皆無に近い。日本人になるとさらに絞られてくる。朝河貫一、岡倉天心、南方熊楠、鈴木大拙、新渡戸稲造くらいしか思いつかない。ロゴスとしての英語に精通して、我々は初めて西欧と対話をもつことができるといってもいい。

英語を敵性語として対応してみただけでも夢は広がるのだ。イラク攻撃に大半のアメリカ人が諸手を挙げて賛成した事実。そして、アメリカ軍は大量の劣化ウラン爆弾をイラク全土に投下した。これに対し日本語でいくら抗議してもアメリカには届かない。

どんな情報を集めるのか

情報というのは、どんなものであれ、究極的には自分自身に返ってくるような気がする。それを感じるようになるのはかなり人生を経験し、年齢的にも限界を感じられるようになってからだろう。そうなると正直なもので、情報に対してもそれほどハングリーではなくなってくる。生に対する執着と同じではないか。

この域に達すると他人がいかに最先端の情報を得ようが、新聞・雑誌がどれほどすごいスクープを抜けがけしようと焦らなくなる。若いとき、社会に乗り遅れまいと必死でアンテナを研ぎ澄まし、情報収集に精を出していたことさえおかしく感じる。

情報収集というのは考古学の発掘現場に立ったときと同じような感覚がある。あるいは少年時代に昆虫採集に熱中したときの精神構造と非常によく似ている。

なぜ考古学かというと、両方とも実に忍耐を必要とする仕事だからだ。今は一人っ子の時代で、親が子供を猫かわいがりするので、中・高校時代の野外実習が少なくなっている。我々の時代は海洋生物の研究といっては油壷の海岸に出かけたり、大森貝塚まで出かけていった。大森貝塚は石碑しか残っておらず、見つけるのに苦労したが。そのおかげで東京湾の埋め立ての威力を実感できたのだった。

　発掘現場に立って表面の土を丹念に洗い出していると、運がよければ石器を見つけることだってできる。しかし、我々が発掘現場に立つ前に、労力がかかる大変な事前調査がなされている。プロがそれまでに積み重ねてきたいろいろな経験に照らし合わせ、最後にサイトが選ばれる。だから、我々素人が現場に立つのを許されたときには、実質的な、というか、全体的な理論の組み立ては目処《めど》がついているといっていい。

　選ばれたサイトは、詳細な測量がなされ、後は木目《きめ》細かく碁盤のように細分化されている。専門家はそれをグリッド方式と呼び、一般的には一メートル四方の場所に一人一人の人間を振り当てていく。監督者の指示がない限り、担当者はその場所から移動することはできない。一メートル四方の中で、右左両方の発掘状況を見極めながら、表層を掘っていく。いや削っていく。発掘する狙いは土の質によって異なるが、一日に何センチ掘り進めるかは、監督者が指示する。

　日本と欧米では発掘方法がまったく違う。日本は石のように堅くなったローム層でも、コツコツ刷毛だけで掃き、埃やごみを分けてふるいにかけ、石一つの形状まで徹底して調べる。また、一センチ掘り進めるごとに、その立体図を描いていかなければならない。そのやり方はまさに日本的であり、それゆえ、きめが細かく芸術的でもある。

同じような発掘でも海外ではそのスタイルががらっと変わる。南太平洋のタヒチで二週間ほど発掘に従事したことがある。まさに穴掘りアルバイトといったほうがいいくらいだったが、それでも二週間で掘れたのは表層から七センチくらいだろうか。

この間、大量のヤブ蚊に刺されながら、ジャングルのなかで黙々と作業を続けた。太陽が昇り始めるころから日沈まで、全員で発掘を続け、詳細な記録を残した。そのときの指導者はハワイのビショップ博物館の篠遠善人人類学教授だった。遅々として進まない発掘に欲求不満な顔をしたのだろうか、篠遠先生は「いや、日本とは比較にならないくらい順調なのですよ」と慰めてくれたりした。

昆虫採集も同じようなものだろう。東大を定年で辞めてから評論家になり、積極的に物を書き始めた養老孟司さんの書いたものを読むと、ほとんどの話が最後は虫のほうにいってしまう。手塚治虫氏の漫画にも昆虫を対象としたものが数多くある。不思議なのは、いずれも考古学発掘と同じような方式で描かれていることだ。

私自身、小・中学校時代、よく虫を追いかけたものだ。たとえば、横浜では一時モンキアゲハに夢中になった。毎日、市内を走り回っても夏の間に一匹か二匹捕れれば最高だった。それが逗子に移動すると毎日のように雄飛する姿を見ることができた。山間で崖っぷちの多い町だったから採集するのは至難だった。最近は地球温暖化現象のためだろうか、横浜にも生息、定着したようだ。いや、自然は正直で、長崎アゲハすら東京で見られる昨今となった。

クマゼミも追いかける対象の一つであった。かつては夏休み中に二回くらいその鳴き声を聞ければラッキーだといわれていた。しかし今では、歩き回れば三日に一度はその声を聞くことができる。温暖化が進んでいる証拠だろう。

情報も同じである。貴重だった情報もやがて常識化するか、陳腐化してしまう。だから、情報を私物化するのはよくない。外に分け与えることで、さらにすごい情報がもたらされる可能性が大きい。情報の拡大再生産、それを肝に銘じるべきだ。これは実社会でも同じだ。企業の上司などに、二言目には「俺は聞いていない」と喚《わめ》く人がいる。こういう人は情報収集の基礎さえ知らない。いわんや、いい情報が手元に入ってくると、それを独占し、人に分け与えようとさえしない。そしていえることは、こういう人の英語はお粗末だ。情報と第二（あるいは第三）外国語としての英語は完全な補完関係にある。

専門分野を持つというのは、他の人と比べて得意な分野を持つということである。自分の土俵をもつといってもいい。相手をそこに引きずり込めば、自信をもって対応できる場所でもある。

中学校時代に熱中した昆虫採集のおかげで、かなり特殊用語、専門用語を覚えた。四〇年以上も使わないのですっかり忘れてしまったが、それでもterritoriarityとかsexual demorphismあるいはlocality（distribution）、nomenclature（学名）、taxonomy（分類学）などといった言葉は忘れない。一般の会議で使うことはまれだが、それでも時に役立つ。

夏が来ると、モンキアゲハとクマゼミを目当てに昆虫採集に出かけるのが小中学校での日課だったが、それだけでは満足できない日がやってきた。情報が集まるにつけ、欲が出てきたのだ。クマゼミがどういう形で横浜まで渡ってきたのか、モンキアゲハがどこで産卵し、いつごろ横浜に居着くようになったのか。やがて採集するよりは生態系を調べるほうが面白くなってくる。そして、最後は卵を捕って飼育しようということになる。

春先や冬の間のさなぎの状態、あるいは卵の状態を手に入れたくなる。活動の季節もうつろい、夏から秋、冬へと関心が移っていく。手塚さんや養老さんの本を読んで感嘆するのは、中学時代にすでに才能が開花しており、プロに近い領域に達していたということだ。

養老さんは一時、ツシマオサムシを夢中で追いかけたという。大きくて、地域によって羽の色が変わるオサムシで、しかも天然記念物に指定されるくらいだから珍種で、なかなか捕まらない。しかし、彼はそれを追いかけ、とうとう生息地の対馬に、シーズンの夏ではなく冬の間に出かけていくようになる。真冬の太陽が当たる斜面の土の状況をじっと観察するうちに、オサムシが越冬して地中で眠っている場所を見つけたのだ。収穫の多い日には、三〇~四〇匹も持ち帰ったらしい。それは彼が昆虫少年として日頃からその習性を観察する感覚を磨いていたからこそできたことだ。手塚さんも同じだった。治虫というペンネームは、やはり大好きだったオサムシからとったものだ。

その後の、養老さんの動きや学術論文を見ていると、その目線や好奇心が解剖学にもエッセーにも適応されている感じがする。つまり、自然と情報は密接に関連しているのではないか。あるいは、その人の五感のなかに情報収集力や分析能力が刻み込まれているという感じがする。

そういう前提で物事を観察し続けると、やがて、ひねくれた目で世間を見るようになりがちだ。たとえば、高野山や比叡山に行ったときのことだが、乗ったタクシーの運転手が「空海は山師だった」という。常識的に判断すれば、山師というのは砂金や鉱山を求めて山から山へと動き回っている人のことだ。そのときは、ちょっと接点がないように感じたのだが、その後、何度か山に登るうちに「ひょっとするとありえる話だ」と思うようになった。

空海は当時の天皇が任命した遣唐使の一人であったから、本来であれば一二年間中国に滞在し、万巻の書を読み、修行を積まなければならない身であったはずだ。それが一年そこそこで日本に帰ってきてしまい、最後には高野山に閉じこもった。その彷徨の遍歴を見ていると、空海はひょっとすると山師だったかもしれない、という気になってくる。それ以上調査する余裕も関心もないのでそのままになっているが、今でも一理ある話だと思っている。

松尾芭蕉がスパイだったという話も同じ類のものだろう。山ほどの資料が出版され、その意味ではもう定説に近いのではないか。研究の動機はどうやら一点に帰結する。あれだけの早足で奥の細道を歩きながら、それぞれの場所で地元の有志に俳句の指導をし、なおかつ物見遊山も充分している。となると並みの人間にはとてもできることではない。それに、彼の出身地は伊賀である。だから間違いないという確信につながり、それが推理小説に新たな境地を加えることにもなる。

いずれにしても情報を処理するときは、まず人とは違った目線で見ること、ステレオタイプから離れた独創的な視点でもう一度切り直してみること、それが重要ではないか。
英語も同じである。人と同じ表現をしたところで、何の面白みもない。英語を自分が日頃使っている日本語感覚で話す、そこに個人のチャームさが浮き上がってくる。

情報は五感で集めるもの

もともと危険な表現なので、場所と人をわきまえて話す必要があったが、今ならどこで話しても大丈夫という話題がある。私の場合、こんなことをいって人を驚かした一つの例題である。

I used to be a communist. I believed White communism, particularly Titoism.

この話を受け入れてくれるような環境下なら、私は少なくとも一時間や二時間、専門領域にまで立ち入れるならば延々と独演会を続けることができる。このキーワードでイタリア、旧ユーゴスラビアはいうに及ばず旧ソ連、私が学生だった頃のハワイ共産党の活動など、話題の間を自由に飛び回ることができる。

私は、道元の「風性《ふうしょう》常住《じょうじゅう》無《む》処《しょ》不《ふ》周《しゅう》」という言葉が大好きだ。修行中の若い僧の質問に、道元が扇をあおぎながら答えたといわれているが、ポイントは「風はどこにでもある、自分で自由に起こすことができる」という悟りの言葉だ。

最近、私はこれをもじって「情報常住」だと人にいっている。インターネットを朝から晩までいじったり、ウェブサイトを探したところで情報はそろわない。情報は案外自分の身の回りの五感で感じるものだと思うからだ。

情報はIt's here and thereで、どこにでもある。それを感じるかどうかは個人個人の感性の問題で、その直感を育むことで、いつも新しい情報が自然とそこに集まってくる、あるいははまり込んでくるものだと思っている。

これも小学校時代の話だが、母親に狐穴仙人の話を聞いた覚えがある。狐の穴に入って深山で生活していた仙人のことだろうと勝手に解釈しているのだが、要するに世の中が嫌になって出家した人のことらしい。

その仙人は夜になり、京の町が寝静まるころ、人に気づかれないようにして山から下界に降りてくる。そして、今流にいえば、ごみ箱をあさっては食べ物を探す。同時に耳はとぎ澄ましている。多分、本来であれば聞こえてこないような世間のひそひそ話や雑踏のざわめきを敏感に聞き取る感性をもっていたのだろう。

当時の京都は戦乱、乱世の時代であった。生活に疲れきった人々は時に折に、この山深い所に住む仙人のウワサを耳にし、世の中の乱れを直してもらうには彼しかいない、などと話していたに違いない。そんなウワサを耳にした彼は、これは「まずい」と自分の住んでいた穴を捨てて、さらに山奥に分け入ってしまったという。

一つの生きざまにかかわるような情報収集には、時にこの狐穴仙人と同じような心がまえをもつことが必要ではないだろうか。

世の中が進めば進むほど、ハイフレックス・ソサエティーになり、人間もそれに応じて、ハイフレクスビリティーになったといわれている。フレクスビリティーとは柔軟性があるという意味で日本に紹介されているが、フレックスというのは逆に情報にさらされた人間の心のときめきだろうと思われる。

鳥の羽根や一本のピンが床に落ちる音を聞いて慄《おのの》くのは本人だ。昨今、環境に取り巻かれる人間が非常に神経質で過敏になっている証拠である。むしろ、そこから一歩身を引いた生き方のなかに実は本当の情報が潜んでいるし、実態が見える、そんな感じが最近とみに強くなりつつある。

感性の重要性を再認識しよう

南太平洋には二〇一八年現在、独立国が一四カ国ある。その中でもとりわけ小さいのがナウル共和国で、人口は約一万三〇〇〇人（二〇一六年現在）。

南太平洋の島民は星や風、潮の流れを見て、大海原を自由に航海できる先天的な才能をもっていると昔からいわれてきた。たとえばハワイからニュージーランドへ移住したのはマオリ族だが、そのなかでもとりわけ航海術に傑出しているのがツバル出身者だといわれてきた（彼ら天性の海洋航海者をseafarerという）。

ツバルには二〇一六年現在一万一〇〇〇人ほどの人口があるが、産業らしきものは一切存在しない。国土のいちばん高い所で海抜四・六メートル。そのため、ハリケーンが来ると、島全体が水没してしまう。当たり前の話だが、彼らは地球温暖化に対して最も敏感で、環境保全運動の最先端に立っている。安住の地であるべき大地そのものが揺らいでいるからだ。

かつて、トンガやフィジーは世界のフィラテリスト、つまり切手収集家のために世界の蝶シリーズや貝シリーズの切手を印刷しては世界に売りまくり、成功を収めてきた。ツバルもこれにならったが、あまりに大量に刷ったので、やがてコレクターにも飽きられてしまった。そして、今や切手の収入も限りなくゼロに近くなってしまった。

金の卵ともいうべき収入源がなくなってしまったツバルは、その後何を考えたか。最貧国が思い至る、安易にして典型的な売り込み作戦に、ツバルも例外なくはまり込んだのである。

一九八七年、ツバル信託基金（Tuvalu Trust Fund：ＴＴＦ）という信託制度を発足させた。これは簡単にいえば、世界中の人から支援金をもらい、その財源を自ら運用し、金利だけで独立国を維持しながら生きていこうという、ツバルにとってきわめて虫のいい制度であった。

その話を聞いた途端、私は駄洒落ではないが「愛人と奥さんの違いはどこにあるのか。ツバル人にとっては同じなのか」と聞いてみたい誘惑にかられたものだ。今や国連などあってなきに等しい存在だが、ツバルも国連では日本と同じ一票をもっている。一時代前なら、けしからん国家だと憤ったかもしれないが、分担金は出し渋り、国連憲章は無視、それなのにひたすら自国の主義を主張し続け、宣伝の場としてはフルに活用するアメリカのような国に利用される場に成り下がってしまった国連なのだから、小国こそ正々堂々とフル活用したらいい。

こんな調子で、島嶼《とうしょ》国を冷ややかに見ていたら、数年前にびっくりするようなことが起きた。いつのまにか、ツバルが世界でも有数の金持ち国になったというのだ。しかも、その要因がインターネットによるというのだから、いっそう驚いてしまった。どうやら、コンピューターオタクの人達が「ツバルを助けてくれ」という緊急メッセージを世界中に発信したらしい。

世界は不思議なもので、どうしたことか、この訴えに同情して一〇ドル、一〇〇ドルという寄付金が世界中から送られてくるようになったらしい。もちろん、その裏でツバルに影響力を残しておきたいオーストラリア、ニュージーランド、アメリカも後押ししている。その上、この三カ国は日本からＯＤＡ援助を支出させる外交的手腕にもたけている。日本も追随せざるを得ない。

ツバル政府のホームページをたずねてみるとこんなことが書いてあった。大げさにいえば、ある日突然にインターネットが国を救ったらしい。

Tuvalu Trust Fund, established in 1987 by external donors, has not only assisted the balance of payments, but also eased the problem of fiscal management.

もう一つ、これとはまったく正反対のケースがミクロネシアに存在する。コンパクト・アグリーメントと呼ばれる制度である。

半世紀近く前になるが、アメリカは、南太平洋地域における軍事的価値を総合的な見地から洗いなおした。そして、軍事的にこれ以上必要としない島嶼国を、アメリカの信託地域から独立させ切り離してしまった。ただ、それまで勝手に利用しておきながら、ある日突然、必要がなくなったのでいらないと切り捨てるわけにもいかない。ひょっとすると中国が台頭し、再び軍事基地を必要とする日が来るかもしれない。そうした懸念もあってのことだろう。結局、一時の補償金ではなく、独立後の地場産業育成に努めるという条件のもとに三〇年間にわたり毎年助成金を支給することを約束した。

しかし、ミクロネシア人の反応はアメリカの予想に反していた。大量の現金が目の前に積まれれば、そこは人の子、ついつい手が出て、挙句の果てにすべての資金を二〇年足らずで食いつぶしてしまった。二〇〇一年のことだった。

気がつけば、ミクロネシア政府は破産状態に陥っていた。周囲を見渡せば、金持ちで気前のいい国は日本しかない。ということで日本政府に泣きついてきた。

南太平洋では、こうした極端な浦島太郎的物語がごろごろしている。その後、アメリカもミクロネシアを見捨てた際に生じるであろう危険を察知し、契約を更新するに至った。が、内容はミクロネシア原住民のグァム等への出稼ぎを制約するほか、アメリカの軍事戦略上の利点に限ってのみ現状維持をするなど、ミクロネシアにとって不利な取り決めとなった。しかし、毎年マイナスの経済成長を記録する国だけに、いかんともしがたい。

南太平洋の国々をケースにして極端な話を列記したのは、情報という網をかぶせて南太平洋の一四カ国の動向を追いかけてみたかったからだ。不思議に思われるかもしれないが、南太平洋諸国に関するデータはアメリカ、イギリス、オーストラリア、およびニュージーランドが傑出している。しかも外務省が強いのは当たり前だが、それ以外にＣＩＡもご愛嬌だろう、多くの基本情報を広く一般に公開している。膨大なＯＤＡを投入する日本の外務省のホームページと比べてみることをお勧めする。日本の情報の貧弱さに啞然とするだろう。

世の中で標準となっているＧＤＰや経済資本といった指標だけでは現実はわからないという実例である。こうした動きを何と呼べばいいのだろうか。「揺らぎ」とでも呼んでおこう。要は経済活動といってもいろいろあり、既存のデータばかりを後追いしても始まらない。ならば、これまであまり配慮されてこなかった、あるいは見捨てられてきた要素から見なおしてみる、そういった態度が今後ますます必要になってこよう。さもないと今後の国のあり方、立場、国力を考えるとき、先が見えてこない気がする。

そういう意味で、若いときは必死になって実際に動きまわり感性を磨くことが非常に重要になってくる。インターネット上に飛びかう情報は長期的に見るとそれほど信用に足るものではないし、踊らされるものでもないという感じがする。ハイテック・ソサエティーやハイフレックス・ソサエティーは恐れるに足らず。

自然のなかに何かが見える

南太平洋国家を人は島嶼国連合とか、アライアンスやアイランダーと十把一絡げで見る傾向があるが、欧州のEUと同じような目線で見ること自体間違っている。EUは間違いなく新しい国家連合体の基本だが、そのために過去一〇〇年以上、無数の、かつ無駄な戦争を続けてきたその経験が積み重なった結果だ。

南太平洋の場合、それ以前の、もっと基本的な人類の原点に立ち戻って考える必要がある。島と国家がオーバーラップしたとき、人類はいかにして共生の思想、自立の道を確保できるのか。その共通の要素をまずはしっかりと洗い出し、見据えることがスタートだと思う。それをどう束ねていくか、今後の検討課題である。

推論に推論を重ねていくと、南太平洋の島嶼国間ではおそらく国家連合というような形には収束しないと思われる。環境問題が地球規模でどこまで悪化し続けるのか、むしろそこにすべてかかってくると思われる。人類にとって経済的要素でないもの、あるいは経済的な要素を越えるような要素のなかで、それぞれの島が「国」とは別の次元で連携してくる可能性のほうが高いように思われる。

島を断面に切って眺めると、珊瑚礁の手前にインナーリーフと呼ばれる入江がある。沖縄などでは干瀬《ひせ》と呼ばれる。浅瀬だから潮が引けば歩くことができる。そこで地元の子供たちはしばし遊び、やがて潮が上がり始めると陸地に戻る。

更にそこから居住地に向かう。その途中で決まってパンダナス（タコノキ科の植物）の樹林に行き当たる。その次に出くわすのが地域差にもよるがココナツ林だ。その間には溝(ditch)が掘られており、一種の湿地帯が構成されている。周辺には灌漑システムが発達していて、主にタロ芋が栽培されている。さらに進むと人工的につくられた棚田（テラス）があり、家屋が見えてくる。

沖縄ではこうした家の形態はほとんど姿を消してしまったが、南の島では今なおこれが基本の住居になっている（homestead）。いえることは、家の条件が圧倒的なほど環境によって支配されていることだ。傾斜地に第二次パンダナスの林をつくったり、予備的テラスをつくることもある。

また、野菜やパパイヤを栽培する土地が別に用意されている。残りの土地は自然との境界になる。いわゆる里山である。その背景に天然の熱帯雨林が控え、端的にいえば、人間の営みはいつでも自然の熱帯雨林に戻れるという意思が人間の側にある。熱帯、亜熱帯における基本的な島のパターンで、だからこそ自給自足体制が成り立つのだろう。

家の周辺は薬草も豊富で、腹が痛いとか目に腫れ物ができたときには目的に適した薬草を取ってきて、それをつぶして塗りつければ治ってしまう。また、鶏や豚の糞尿は有機的な農業にリサイクルされるシステムもできあがっている。

たとえば、パプアニューギニアのケースでは、家畜用の豚は子豚が生まれるとそのうちの何匹かを野生に戻す。それは、野生と人間界との将来的な交流を維持するためである。

家畜化された豚を活性化するためには、いつかまた野生の豚をもってきて家畜化し、交配させせないと勢いがなくなることを彼らは身をもって学んでいるのだ。将来にわたる計算という観点から見れば、立派な保険でもある。サステイナビリティの確立だ。

今や、バーチャル・リアリティーとかインターネットの世界が情報を支配するような話ばかりが巷《ちまた》の話題になっている。確かにそういう一面も無視できないが、自然の脅威を意識し、常にそれに対応できる柔軟な感性を維持することも情報化社会では重要なことではないか。

自然についても同じように考えられる。自然は家庭内の分業体制を決める大きな要素となっている。なぜ家長が必要なのか。なぜ女と子供はラグーンのなかだけで小さな小魚や貝を採るのか。いずれも必要以上に採り尽くさない、という鉄則からきている。資源の有限性を彼らは歴史を通じて熟知している。家庭内における権威と分業も深くかかわっている。一つの島のホームステッドを見ても、人間と自然との見事なまでの共生が成り立っている。

だから、南の島に行く機会があれば、ありし日の昆虫少年に戻ったり、考古学者の助手にでもなった気分で一、二週間じっと現場を動かず観察することにしている。すると、今まで何もないと思っていた所から新しい事象が急に視界に入ってきたりする。時には地球のあり方さえつかんだ気になる。

沖縄に西表《いりおもて》という島がある。圧倒的なまでの自然に恵まれ、東洋のガラパゴスとも呼ばれている。イリオモテヤマネコが生息している島だから名前だけはかなり知られている。たまたま環境の、それもさんご礁に関するフィールドの話があり、島に出かける機会があった。私は暇さえあれば、朝から晩まで海に浮かんでぼんやり時を過ごした。週末は日の出から日没までずっとフィンとシュノーケルでプカプカ浮かんでいた。そして気がつくと、考古学の基本中の基本であるセオリー、グリッド方式、すなわち海を一メートル四方に分けて観察しているのだった。

わずか一メートル四方というが、よく観察していると太陽の光や、海中に漂うプランクトンの生態系が刻一刻と変わり、飽きることがない。グリッド方式が海にも適応できることを改めて実感、一メートル四方の狭い海に自分を押し込めて海の自然の驚異に悦に入るのであった。

野生の声を聴く

西表にはイリオモテヤマネコの保護と観察をおこなっている西表野生生物保護センターがある。調査の現状を聞くため訪問したのだが、たまたまそこで研究助手として働いている二〇歳の青年に会うことができた。とにかく動物や虫が好きで、高等学校を卒業するとすぐにこのセンターに就職、毎日、イリオモテヤマネコを追いかけているという。まるで自分の若かりし日を思い出させるかのような青年であった。私も高校を卒業したらすぐに大学教授の助手になり、あとは虫を追いかけようとばかり思っていたからだ。

もともとは彼も昆虫少年らしく、西表島には生息していないといわれたカミキリ虫や、一年間に三匹以上の捕獲記録がなかったというヤエヤマギンヤンマを何十匹も採集していた。

このトンボは川面を悠然と飛び、目が真っ青で、その上とてつもなく大きい。採集家にとっては夢のトンボである。しかし捕まえるとなるときわめて難しい。しかし彼は毎日、あらゆる場所を動き回ってそれら昆虫の生態を一つひとつ解明していく。そして昆虫学者が今までに発表したいくつかの論文まで否定するに至った。

たとえば、オニヤンマやギンヤンマの生態を考えれば身近に理解できる。こうした大型トンボは山の上や海の上を悠然と飛ぶのを常とするが、日没や風向き、あるいはねぐらに向かうときには動きが当然変わってくる。その変わる瞬間を彼は島中を歩いて観察する。

そしてトンボが寝る前に集まる場所を発見する。川と海の接する地点であった。温度が低い川の水と暖かい海の水が交わる上昇気流のなかでトンボは寝る前に散歩する場所を見つけていたのだ。「寝る前のトンボの空中散歩」。聞いていてこれほど心地いい響きをもった形容を私は知らない。

あるいは弁当を二食分用意して、高い木の上で一日中コガネムシを待つ。何千匹というコガネムシが高い木の上だけに群れ、決して地面に近い所には降りてこないことを発見する。一事が万事で、彼はこれまで常識とされた昆虫の行動理論を一つひとつ覆していった。

こうして、ある種のカミキリ虫が特定の風倒木に産卵するのを見つけたのも彼であった。そのため、彼は島中歩いて生木がいつ倒れるかを見て回った。こうした特別なカミキリ虫を欲しがるコレクターは日本にたくさんいる。だから集めた標本をこうしたコレクターに売れば、西表島では左団扇で生きていける。もちろん彼にはそんな不心得な気持ちはさらさらないが。

これも一種の情報戦争である。しかし、彼は泰然として、まるで仙人みたいな生活をしている。集めた標本も私物化しない。すべてセンターに保存している。

おそらく、彼は東京で何が起きているか知らないし、知りたいという興味もあるまい。新聞の記事にも目を通さないかもしれない。でも、ある意味では最先端の情報を握っているのだ。後に彼から手紙が来た。西表に住んでみて気づいたことがある。体に無理が利く若いうちに、地球上にまだ存在している熱帯雨林地帯をすべて回るつもりであると。

私は自分の年も忘れ、早速返事を書いた。お手伝いできることがあったら喜んでしたい。すべての行程に同行するわけにはいかないが、できるなら、時には一緒に現場を歩きたい、と。これに関しては音無しだった。呆れ果てたか、迷惑だったか、助手にでもしてほしいと誤解されたか、それとも人はいつも単独で行動すべきという信念の持ち主だったか、そのいずれかだろう。でも、そうした人間に一日でもついて歩いてみたい。年はとっても急がば回れである。

情報を追い求め、その行き着くところをみると、いつの間にか原点に戻ってきて、野生の声に身を任せている自分がいる。

葦の髄から天井を覗く

二〇一六年よりは編成替えとなったが、ＮＨＫに「クローズアップ現代」という三〇分番組がある。そこのスタッフから「マグロ船のことで特集を組みたいので手伝ってほしい」という依頼があった。ゴシップとか評判にはいたって弱いので、顔が出てしまうテレビ番組にはあまり出演したくない。それにテレビの番組そのものがほとんどが薄っぺらだから日頃からテレビを見ない。だから情報収集には協力するが、自分が出演することにはあまり気乗りしなかった。そんな消極的な電話でのやりとりを、そばにいた家内が耳にして口をはさんできた。

「その番組のキャスターはとても頭の切れる人で、それに美しい人だから多くのファンがいるのよ」

これが、その後の私の判断を狂わす、あるいは決断する最初の基本情報となった。それ以前に私が蓄積してきたもろもろの情報に優先する、強力なパンチを受けたことになる。

家内は、さらに追い討ちをかけてきた。「聞くところによると帰国子女らしいわよ」。これで話は決まったに等しい。

その人と握手して、しかも世間から隔離されたスタジオのなかで二人だけの事前打ち合わせの（といっても周囲にはたくさんのスタッフがいるのだ）時間をもてるわけだから、今流に言えば、すべてのソフトウェアを独占できることになる。「出る価値、大いにあり」と判断した私は、この誘いを喜んで引き受けたのだった。

余談になるが、司馬遼太郎がアメリカを描いた『アメリカ素描』（読売新聞社、一九八六年）は今読んでも少しも古さを感じさせない紀行本だ。このなかにもマグロの話が登場する。司馬は、日本食がもともと大好きだっただけに、アメリカ旅行中もSushi Bar（寿司屋）にしばしば立ち寄っていたらしい。

そこから司馬さんのアメリカ再発見の旅が始まる。なぜ寿司がアメリカでうけるようになったのか、またアボカド巻やカリフォルニア巻ができあがった文化背景は何なのか、アメリカ文化の側面に集中的に迫っていく。これだけで彼のユニークなアメリカ文化論に読者は魅せられてしまう。彼の読者をひきつける魅力の源泉は、情報収集はもちろんのことだが、それよりも情報の解釈、分析、処理能力に卓越したものをもっていたからであろう。

さて、番組では、マグロ船はなぜ外国でこんなに増えたのかという点に大きな焦点を当てることになった。世界を眺めてみると、国家に属さず、単に船籍だけを第三国に移している船が優に五〇〇隻を超えていた。船主は税金を払う必要もないし、定期的に船体の検査を受ける必要もない。要するに便宜置籍船《べんぎちせきせん》と呼ばれるこれらのマグロ船は何らの国際規制も受けないですんでしまう。そして、できるだけ安い人件費の船員を集め、最も儲けが出る高級マグロだけを追いかける。簡単にいってしまえば今様海賊船である。

こうした海賊船が公海を我が物顔で走り回り、勝手気ままにマグロを乱獲しているのだから、日本のマグロ業界はまったく太刀打ちできない。その結果、日本の業界は、今や瀕死の状態にある。日本のマグロ船主が抱えている借金は平均して二〇億円、かつ全体の七五パーセントを占めるオーナーが債務超過に陥っている。資本主義の原理を厳密に適用されていれば、とっくの昔に潰れている産業である。潰れないのは政府が直接、間接に支援の手を差し伸べているからである。

便宜置籍船は各国の法律の抜け道を探しながら生きているため、本当の船主はなかなか正体をあらわさないが、そこは日本の水産庁、手分けして世界中の海賊船を追いかけた結果、ほとんどが台湾系の華僑で占められていることが浮かび上がってきた。

要するに資本を出しているのが台湾人で、船自体はベリーズ（中央アメリカ北東部、カリブ海に面した国)、ホンジュラス(中央アメリカ中部に位置する国)など、日頃、耳にすることもない小国に帰属している。それを船の戸籍(船籍)と呼ぶが、小国は小国で、マグロ船の船籍を自国で登録することを認める代わりに、船籍登録料を船主からとりたて収入の一部に当てている。たとえば、一隻につき年五〇〇万円の登録料を支払ってもらえれば小国にとっては大変な収入確保につながる。

だから、当事国は、登録されたマグロ船が世界のどこの海へ行き、いかにマグロを乱獲しようがまったく気にならない。その結果、国際上の法規制から逃れた闇の船が今や世界中を我が物顔に航行し、マグロを乱獲している、それが実情である。

人にたとえると、船籍は旅券と同じである。人間が自分に最も都合のいい国を選んで国籍を変えるのと似ている。時には税金逃れのために、あるいは犯罪者が国外に逃亡したり、二重、三重結婚を重ねるなど、身勝手な本人にとっては都合のいいことが多い。それゆえ、人間の国籍変更には各国とも厳しい規制をしている。しかし、船籍に関しては概して規制が甘い。国家にとって美味しい話だからだ。それゆえ、英語で便宜置籍船のことをflag of convenienceと呼ぶ。いい得て妙である。

通常、海賊マグロ船は二〇〇海里の境界域ぎりぎり、領海から一〇〇メートルぐらい離れた外海を昼間はゆっくりと進む。そして、夕方になるといっせいに延縄《はえなわ》を流し始める。ロングラインというのは、まさに言葉どおりで、時にその縄は一〇〇キロにも及ぶ。海中に没したロングラインのほとんどは相手国の領海内に伸びて浸入している。こうした巧妙な漁法が、大量、かつ安い刺身マグロの供給源となっている。日本のマグロ業界を窮地に陥らせる背景でもある。

日本に入ってくるマグロは、年間約五〇万トンくらいといわれているが、近年は減少気味で、四〇万トンがせいぜいである。日本の業界が、資源がいよいよ枯渇し始めた大きな証拠であると大騒ぎしている理由の一つである。

追記：これは番組製作時の状況であり、現在のマグロ業界は大きな転換期を迎えている。具体的には、日本政府がマグロの漁獲規制に積極的に乗り出してきたこと、畜養技術の進歩で完全養殖に目途がついたこと、便宜置籍船の規制が進んだこと、等々が挙げられよう。

情報を得るのも英語

番組の放映が決定すると、テレビのプロデューサーやディレクターから連日のように私のところに最新の報告がもたらされた。それを参考にして、私のほうでもさらにそれを補強できる資料づくりに精を出す。時には台湾の華僑や輸入業者などのリストを提供し、追加取材を依頼したり。

このとき、使用する言語はほとんど英語である。漁船同士の通話でも英語が決定的な役割を果たしている。日本の輸入業者が取引先を明らかにすることはまずない。とすれば台湾に行くか、電話、インターネットなど現在の通信技術を駆使して英語による情報を短期間のうちにたぐりよせるしかない。台湾は、日本以外で最も日本語を話せる人が多い国のはずだが、それも今や年配者に限られ、実際の仕事に従事している人は少ない。若い人の間ではアメリカに留学するのが夢だし、とにかく英語を話すことが主流となっている。

日本の商社も、こうなると形勢が悪くなる。日本の生産者が輸入大手の本社前で大がかりなデモをして「お前は悪いことをやっている。海賊不法マグロを輸入してぼろ儲けしている」などと攻勢をかけたりする。

どういうことかというと、日本の商社は日本の船主から二束三文で船を買い上げ、スクラップにして台湾に輸出したりもしているのだ。当然、マグロ船の輸出は禁止になっているが、エンジンなどは解体し、別梱包で部品として再輸出したりする。蛇の道は蛇のことわざどおりで、あとはプロの組み立て屋が現地に飛び、再びマグロ船に仕立て直す。こうした悪循環が続いた結果、便宜置籍船はどんどん増え、今では三五〇隻以上が活動している。何のことはない、日本から輸出された船が船籍を小さな国に変えているだけである。つまるところ、日本のマグロ漁を破滅に追いやっている大きな原因は日本自身にあるということなのだ。

もちろん、資本の論理を熟知し、最大限利用しているのは華僑ということになる。彼らは英語圏こそ商売がしやすく、儲かることを熟知しており、そのために子弟を欧米に送って高等教育を施している。私の知っている華僑は実に多くの内縁妻を抱え、彼女たちを世界各地に分散させ、仕事を任せている。自分の本拠地はマカオで、ホテルやドッグレース場を経営する傍ら、海外の内縁妻とその家族には不動産・倉庫業、漁業など実に多岐にわたる分野で危険分散を図っている。どの内縁妻にも立派に成長した息子や娘がおり、カナダ、オーストラリア、ニュージーランドを中心に資産管理をおこなっている。その対象の一つがマグロ漁業なのである。

テレビのスタッフはこういう情報をいろいろな角度から分析して、最終的にはコンテを描き、カメラの絵を織り交ぜながら番組をつくっていく。

私は番組が始まる五時間前から、女性の司会者と打ち合わせを始めたのだが、スタッフがつくった資料の中身で、私の理解とかけ離れた結論をいくつか見出した。もう一度構成をやり直す必要があったが、本番ぶっつけで人気のある番組だから、番組はすでにスタートしたも同然だった。何か緊急なニュースでも発生しない限り、万事休す。

結局、その場での窮余の策は、撮影済みのフィルムの放映を大幅に削減し、討論の時間を大幅に延ばすことしかなかった。だから、番組がいざ始まる二〜三分前になったにもかかわらず、私たちは「あーでもない、こーでもない。いや、そこは触れるべきではない」などと調整に手間取っている始末だった。

そのときだった。NHK側の本音らしきものがスタッフの口からもれた。

「先生、三〇分の間、カメラの前では笑わないでくださいね」と言ったのだ。そんな注文、あまり聞いたことがなかっただけに、咄嗟《とっさ》に私は怪訝な顔をしたらしい。

当のスタッフが即座に答えた。マグロの大手輸入商社は映像をビデオに撮って徹底的にチェックして、「一字一句でも我が社の名誉にかかわることがあれば訴えます」とNHKに申し入れてきているとのこと。

それを聞いて私は話を飛躍させるしかないと思った。

「いや、それならば、その元締めといえる水産庁の政策に焦点を当てることにしましょう。そうすることで、実態を少しでも国民に明らかにしていきましょう」

すると、彼らはさらに面白い事実をここでも披瀝したのだった。

「いや、水産庁も日本鰹・鮪連合会の人たちも同じです。テレビの前に座って、放映を待っていると申し越してきています」

もう一人のスタッフがこの話を引き継ぎ、取材の途中で聞いてきたという新たなエピソードを披瀝した。

「堀先生は、この業界では隠れグリーンピースといわれているらしいですよ」

私は絶句した。と同時に事実を追いかけるテレビ番組一つ作成するのも容易でないことを、改めて認識したのだった。

彼らは番組を作成している間、もろもろの情報―それも大半は悪い情報であった―がひっきりなしに手元に入ってきて、その対応に腐心していたのだ。

日本の水産業界の間で、一部の関係者が「彼は隠れグリーンピース派だから、業界にはきついことをいう」という噂を流したことは知っていたから、それほど驚くことではなかったが、しかし、こうした情報がテレビ局側にまで届いている以上、発言はかなり慎重にならざるを得ない。相手が色めがねや先入観で物事を見ているとすれば、なおさらだ。しかも問題が明確になったのは本番直前であった。私はここで急遽、方向転換することを決め、業界の恥部、あるいは問題点を争点にするのは後日に譲り、消費者サイドの話に議題を集中させることで見切り発車したのだった。アナウンサーは評判どおりの人だった。突然の変更にも慌てず見事な差配ぶりで、番組の目的は無事達成された。

この経過を明かすことには私も当初は逡巡した。隠れグリーンピース派の評価が固定化しかねないからだ。しかし、情報の微妙さ、奇々怪々さ、繊細さ、そうした条件をすべて考慮に入れたとしても、なお真実は容易に解明できないという、情報の複雑さを強調したかった。

もちろん、こうした情報がもつ面妖さを面白がったり、ビジネスに直結させたりする輩《やから》もいる。イラク攻撃の際のアメリカの情報作戦はまさにそれに該当する。彼らは自分たちに都合のいいようにすべての情報を操作することに成功したのだから。

英語と情報、この二つがこれからの世界に大きな、言い知れない影響を与えようとしている。同時にいずれも社会を生きていく上での欠かせない手段ゆえに、社会そのものから影響を受けることもまぬかれない。

情報の扱いとはそういうものであろう。だから、逆にこの番組を見た受け手の気持ちを考えてみる必要も出てくる。水産庁を含め、日本の業界の意見は一致している。「台湾はけしからん。すべての国際法を無視して大切な資源であるマグロを不法に乱獲している。彼らはいうなれば一種の泥棒稼業に精を出しているのだから、彼らが獲ったマグロは輸入規制されるべきだ」ということに尽きる。また、あらゆる知恵を絞って、そうした方向に世論を向けさせようと努力している。

ＮＨＫはこれに対して、中立的な立場で、事態の深刻さを訴えようとした。彼らの調査の結果からそうした結論に至ったわけで、これまた充分過ぎるほどの説得力がある。その中間地点に立って解説をすることが私の役目として期待されていたこともいうまでもない。

英語を使うのも似たり寄ったりで、色がついた情報を、いかにして公正に伝えるか、そこに難しさと同時に情報操作の危険が潜んでいる。英米が卓越した情報操作能力をもっているのは、ひとえに世界共通語となった英語を母国語にもつからだ。通訳をinterpreterと呼ぶが、その意味はまさにこのことなのだ。

一般的な話だが、テレビ局はよく現実と違った内容、あるいは一方的な、かつ偏った情報を流すことで定評がある。日本に限ったことではなく、むしろアメリカのCNNやFOXなど目を覆いたくなるほど情報が偏っている。湾岸戦争もそうだったが、イラク戦争では、この傾向にさらに拍車がかかっていた。なぜか。

それは編集にかかわるプロデューサー、ディレクターの勉強不足、認識不足が最大の原因である。情報の取り方、集め方、目線、切り方が全然なっていない。まさにメソドロジー以前の問題で、「人と人の間」という原点が理解されていない。

第二の問題は、戦争というような非常時、かつ危機的状況で人は中立的でありえない。極端にいえば、人間は国を前提に物事を考えるからであろう。そこでは愛国主義がすべてに優先、情報を仕切るようになる。イラク戦争では、そのおろかさを見事なまでに証明してくれた。

NHKは海外からの放映に関して常に三人の同時通訳を用意しているといわれる。また衛星放送用にも同じようなチームを編成している。二つのチャンネルで放映する場合、通信の差はわずか一〇秒程度に過ぎないのだが、それを乗り越えることができない。だから、極端にいえば一本の放映に合計六人の同時通訳が関係することになる。

英語の情報を伝えるために、これほど膨大な経費をかけている。それだけの経費をかけるべきかは賛否両論があろう。しかし、生の英語情報を押さえるために、それほどの金をかけている事実を、この際しっかり認識すべきである。

スタジオで隠れグリーンピースといわれたとき、私の思考回路は二つに分かれた。本題から離れ、英語ならいったい何と表現するのがベストなのだろうかという、他愛のない疑問がまず脳裏をよぎった。二つほど言葉が浮かんだ。sympathiserとagentであった。

しかし、一切の利害もなければ金ももらっていない。だから間違ってもagentではない。かといって心情的にグリーンピースを支持しているわけでもない。そんなこんなでスタジオにいる私の頭は一瞬浮遊した。しかし、決断も早かった。不都合にして偽りの情報操作はしない。ただ真実一路あるのみ。

第3章

情報力と英語力

情報の裏を読む

情報は人の間にあって初めて価値が出るものだから、うつろいやすい。従って中立で、かつ絶対的な真実であるがごとき報道はありえない。もちろん当事者がそう心がけるのは当然のことだが。以前、新聞紙上にこんな見出しが踊っていたことがある。

「愛知万博、全面見直し要請」「日本登録延期へ」

これを見た瞬間、私はこの情報はくさいと瞬時に判断した。情報が見事なまで操作されていると思った。

なぜそう思ったたか。名古屋という土地柄を考えてみればいい。不思議なことに、名古屋はオリンピックに代表されるような国際的イベントの誘致にことごとく失敗してきている。なぜか。そこからまず解き明かさねばならない。失敗にはそれなりの理由があるからだ。同時にその裏も考えてみる必要がある。それだけ失敗しながら、なぜ諦めずに挑戦し続けるのか。愛知県庁や名古屋市役所はそれほど健気な役所なのだろうか。そんなことは日頃の彼らの言動から見て、とても考えられない。となれば、「見えざる手」がどこかで働いていると勘ぐって考えたほうがよさそうだ。個人的に調べてみると、すぐに面白いことが見えてきた。故小渕恵三さんが総理大臣になる前に、愛知万博を実現させる特別部隊を通商産業省（現、経済産業省）のなかにつくっていたのだ。

周辺の取材を重ねると、設立の意義もすぐに理解できた。単純なことで、大阪と東京の狭間にあって低調に陥っている中京地域の産業界の回復を狙っていたのだ。こうなれば後は過去の日本博覧会を洗い出すだけでいい。これだけが例外であるはずがない。民間企業と日本政府のかかわり、あるいは博覧会関係者の背景からも歴然としてくる。

ある国が正式に国際博覧会を開催するには、実に複雑な手順を踏まなくてはならない。博覧会は国家事業とみなされており、従って国際博覧会協会、すなわちＢＩＥというパリにある国際機関が国際条約に則ってすべて規制するシステムができあがっている。となれば、政府・産業界が一体となって動いたと見当をつけるのは常識だ。

そこから名古屋の産業界で力のある銀行、商工会議所、メーカーを一つひとつ調べていく。あるいは、土地開発の面から住宅関連、ディベロッパーを調べてみる。住宅といえば、セラミックや太陽電池との関係も洗ってみる必要が出てくる。また、トヨタ自動車なら、将来のコンピューター制御による交通システムを世界に知らしめようとがんばっていることなどに思い至るかもしれない。

さらには、トヨタ自動車と小渕さんとの関係も気になる。こういう動きをたどっていくと、総合的に調整できるのは民間企業ではなく、通産省しかない。糸をたどって行き着いた先はやはり通産省の万博対策室だ。国際博覧会は通産省の専管事業と決まっているから、他の省は絶対に入れない。絡むとすれば共管事業になる。

これで大まかな事前の調査は終わり。

次の段階は、それでは実際に博覧会事業が動き出したらいったいどうなるか、そこを想像することになる。まず、政府が出資を約束した一八〇〇億円はどこに消えるのだろうか。予算書からも明白なとおり、それらは全部インフラに投資される。初期投資である。その結果、会場には立派な道路が二本通る。道路の下の博覧会会場には国際館や日本館、その裏に鉄道の敷設、あるいはコンピューター・ハイウェイを通す共同溝などが建設される。

これもまた過去の経験から照らしあわせると、この線引きは博覧会が終わったあとのことを想定しているのが常識である。博覧会が終了した後の跡地の利用と密接に絡んでいる。政府がインフラへの設備投資をする。その後、企業に更地として土地は払い下げられるのが常だが、その土地の下にはハイテクのインフラがすでに完備されている。そうなると、どの企業にどの土地が払い下げられるか、その見極めも必要になる。筑波科学博覧会の跡地を訪ねてみるとそれがよく理解できる。時間の経過とともに真実は浮かび上がってくる。

ここでいいたいのは、情報は永遠に続く持久戦みたいなものということだ。日本人が情報に弱い、あるいは英語に弱い理由はこの点にある。人のウワサも七十五日、忘れっぽいのが美徳と見られがちな、この国の特徴である。島国に住む日本人が生み出した知恵である。しかし、ほとんどのケースは政治家がかかわってくる悪知恵だ。二〇二〇年の第二回東京オリンピックも二〇二五年に招致をめざす国際万博博覧会も、まったく同じロジックの上に成り立っていることは、こうなると自明だろう。

これが欧米社会では通用しない。一〇〇年、二〇〇年など短いくらい、いつまでも根にもたれる。英語はそうした根にもつ民族が使ってきた言葉である。

アラブ式情報コントロール

一般的な国際会議では、最後の段階になって、決まって議長が「もう一言、どうしても発言したい人はどうぞ」と提案してくるのが恒例である。これをしないで終わってしまうと後で不満が出てくる。一種の空気抜きであり、万が一に備えての対応である。

アメリカのイラク攻撃が差し迫るなか、イラクの隣国ヨルダンで開催された国際会議は面白かった。すでにアメリカの戦争を予測している会議であった。議題は「文化、社会、宗教の融和を目指して」であったが、その副題に「戦争を乗り越えて」と添え書きがしてあったからだ。

招聘状がパレスチナ、イスラエル、アメリカ、ドイツ、シリア、エジプト、クウェートなど、まさに利害が錯綜する関係国に送られたのはもちろんである。招待された国々のそのときの反応が面白かった。クウェートとイスラエル、それにユダヤ系アメリカ人は身の安全を心配し、最後まで臆病だった。逆にパレスチナ人はもろ手を挙げて出席したがったのに、イスラエルが最後の最後まで反対し出国することさえ認めなかった。ヨルダン王室とすったもんだの交渉の結果、会議出席者全員の履歴をイスラエル政府に提出し、挙句の果て、一人の代表者のみ出国を認められることになった。

話は横道にそれたが、最後のチャンスとばかり、会議での発言をほぼ独占したのはアメリカ人、それも五人にのぼった。彼らは会議で披瀝された他の出席者の卓越したところをすべて自分の意見のなかに巧みに組み込み、包括的な意見、あるいは政策提言をとうとうと繰り返すのであった。

この厚顔さが日本人にはない。いや、日本文化ではそうした態度とは逆に、へりくだる傾向が強い。

横に座っていた参加者の一人がささやいた。

「彼らは主催者のハッサン皇子にもう一度、自分を売り込んでいるのだよ。こうしておけば、来年の会議にもまた招待されるからね」

ここまで自己宣伝を徹底するメンタリティは私にもない。やろうと思えばできるとは思うが、きっと後でむなしさが込み上げ、自己嫌悪に陥るに決まっている。それが文化の違いではないだろうか。

人は生まれた途端、最初に接するのが家族であり、それに付随するもろもろの環境である。乳児への母乳の与え方、抱き方、あやし方、寝かせ方、そうして些細な行動の一つひとつが言葉とともに思考の源流になる。それが文化の根源である。とすれば日本の教育を抜本的に変えない限り、それも生まれたときからの幼児教育を含め変えない限り、こうしたアメリカ的ともいえるような性格を骨の髄まで染み通らせることはできまい。

アメリカとも日本ともまったく違う文化もある。この会議が始まる直前にシリア、リビアから出席できないとの電話が入ってきた。すでに航空チケットも送付済み、ホテルや空港での車も手配済みである。まさにlast minuteでのドタキャンだ。事務局員の怒ること、怒ること。しかし、本当に怒っているのかどうかは疑わしい。何を思ったのか彼女が突然声をひそめヒソヒソ話を始めた。

「アラブでは王族が国を治めるか、そうでなくとも国に対して強い影響力をもっています。だから彼らはあらゆる知恵を使って王族との関係を強化、あるいは維持しようと躍起になっています。なんとしても王族に悪い印象をもたれないよう気を使うのです。その結果、会議直前にいろいろな不都合が生じてくるのです」。

私は首を傾げるだけで、彼女が何をいいたいのかよく理解できない。彼女は話を続ける。

「だから、王族から招待されると決まってイエスと答えるのです。それに会議が始まってしまえば誰も彼の欠席をそれほど気にしません。不思議な現象ですが」。

ここで、彼女は一息つき、さらに驚くようなことをいうのだった。

「もっと重要なことがあります。土壇場のキャンセルで、彼の代わりの人物を呼ぶこともできなくなります。ということは、彼と王族との個人的つながりはそのまま維持されます。自分のライバルがここでチャンスを得て、彼にとって代わる恐れもないわけです」。

とっておきの演出方法がアラブ流会議には隠されていたのだ。

リメンバー・パール・ハーバー

真珠湾を奇襲（sneaky attack）したのは日本である。だから絶対に忘れないといってアメリカは毎年、大々的なキャンペーンを張り「Remember Pearl Harbor」と叫ぶ。それに対して、日本人は広島、長崎に原爆を落とされながら、「No more Hiroshima」、あるいは「Nagasaki」と謙虚に訴える。実はこの温度差が問題で、この程度の訴えで相手が反省することはない。

「二度と広島、長崎のようなことをするな」といっても、そんなことは、もう一度日本がアメリカを攻撃しない限りありえないと彼らは反論する。そして、あれは日本にこれ以上の無駄な抵抗をやめさせ、終戦を迫ることにあったのだと強調する。おかげでアメリカ兵が無駄に死なずにすみ、トータルにいえば、「犠牲者があれだけの数で収まったのは原爆のおかげなのだ」というとんでもない結論が出てくる。九・一一テロの跡地にはいまだに星条旗がなびき、「Never forget」の大きなタテ看板が立っている。絶対に忘れないぞ、と呪詛しながらアメリカはアフガニスタン、イラクを攻撃している。英語は論理の飛躍、展開を得意とする言葉であることを決して忘れてはならない。

情報の奇々怪々

世界の情報部員のなかでいちばん口が堅いのはイギリス人だとよくいわれる。スパイ小説にもそうした記述が多い。しかし、最近はそうでもないらしい。イギリスの情報部員の口が緩くなった、と断定的にいう人すらいる。その理由はイギリスの国家財政が苦しくなり、裏社会に徹してきた人たちをお金で面倒みきれなくなったからだという。

金の切れ目が縁の切れ目、地獄の沙汰も金次第とは、ひょっとするとスパイの世界を皮肉ったものかもしれない。小説や映画に登場するスパイには金と女がつきものだ。金に目がくらむ、女に入れ込む。英語では同じ表現になる。金に目が眩み、盲目になるからだ。いずれにしても money talk の類に過ぎない。

be blinded by money. be blinded by woman.

一言でいえば greedy, womanizer とでもいえようか。

ブッシュ元大統領はアメリカを代表するＷＡＳＰ《ワスプ》（White Anglosaxon Suburban Protestant）の出身である。そのＷＡＳＰが最も重んじてきたのがバランス感覚であり、冷静・沈着さであった。要するに紳士であることが求められてきた。しかし、彼をはじめネオ・コンと呼ばれる側近たちの行動を見ているとgreedy以外の何物でもない。ＷＡＳＰの条件から最もかけ離れたところにいる。現トランプ大統領はその最たる人物で、きわだっていることは間違いない。

これは何を意味するか。簡単にいってしまえば、アメリカという国家が構造的に貧困化している現象の前触れである。金融制度を翻弄し、ハイテク技術を駆使して強権を発動する。そして世界の富と情報をアメリカに集約させる。企業の合併、併合をめまぐるしく繰り返し、金の流れを操作する。それでも駄目なときは戦争とか、国内法の海外への適用という手段に訴える。

ブッシュがやってきたことと重ね合わせることで、そのあたりのアメリカのトレンドがよく理解できるのではないか。

英語使いの効用

イギリスのスパイは引退すると、フィリピンやタイ、あるいはバンコク、日本などにやってきて英語の教員などをして余生を過ごすと昔はよくいわれた。人生をカモフラージュするわけだ。政府が潤沢な年金を支給してくれるから金には苦労しない。生活が保証されている限り、人はあまり冒険をしない。結局、静かな、かつ母国に忠実な余生をエンジョイすることになる。

共産党政権下にあった東欧諸国は旧ソ連ＫＧＢの指導のもとで、手分けして情報作戦に従事していた。東京にあるブルガリア大使館は、もっぱら日本のコンピューター情報を専門に情報収集することだった。

たとえば、大使館付きの情報部員が日本の協力者とどうしても落ち合わねばならないときがある。すると、不思議なことに、彼らは平和島を落ち合い場所に指定してくることが多かった。あそこを歩くとすぐ納得できるのだが、周囲の見晴らしが利くため警察や公安の目をそれほど気にする必要がなかったからだ。こうして、彼らは平和島を一回りし、雑談しながら別れていく。

我々がこうした高度の情報作戦に参加する機会はないが、日米間のもろもろの政府間交渉であれば新聞紙上で追いかけ、その経緯を丹念に追ってみると、情報が人間を追い詰めていく様子が手に取るようにわかる。情報を追いかければ追いかけるほど、人間もまた、そこに没頭、のめり込んでいく。だから、情報を集めること自体、きわめて鋭角的、かつ職人芸を必要とする仕事で、極端にいえば文章に書き残してはいけないといわれる所以である。

彼らは口から口へと情報を伝え、証拠を残さないようにする。当然、抜群の記憶力を誇ることになる。私が知っているある国の元スパイは一〇〇桁の数字を言うと、一瞬のうちに暗記、それを楽々と反芻することができる。こうした異質な能力を身につけると、やはりそこには異能な人が集まってくる。類は友を呼ぶ典型だ。

スイスの銀行はクライアントの機密を絶対に明かさないことで信用を得て商売を伸ばした。当然、貸し金庫にも同じルールが適用されるから、預けた人が周囲の人に何も話さず死んでしまったケースも多々ある。こうなると金庫の中には秘密文書、契約書、貴金属がごまんと死蔵されて眠っていることになる。ヒトラーのユダヤ人大虐殺により、預け人不在となった金庫が時に新聞で話題になるのはそのためである。

日本では終戦直後に「ニューズウィーク」日本支社を設立した一人のアメリカ人の男の思い出が残っている。六本木、青山などにたくさんのマンションをもち、同性愛者であった。若くて紅顔の日本の青年を見つけてきては海外留学をさせていた。そして、彼らが帰ってくると、自分の持っているマンションを貸し与えたりした。やがて彼に面倒を見てもらった多くの優秀な青年たちは国際弁護士やデザイナーになり、各方面で活躍するようになった。その人たちを招待する会合場所はいつも、昔の東京ヒルトンホテルの「けやき」レストランと決まっていた。アメリカ人のパトロンは、この場所をいたく気に入っており、昔の仲間を呼んではここで会食するのが楽しみであった。

これを情報というレベルから見直してみると面白いことが見えてくる。同性愛というといまだに嫌悪感をむき出しにし、異端視する風潮が日本では残っているが、これは間違いなく偏見である。むしろ、この世界に足を踏み込んでみると、人間への思いやりとか、仲間意識、連帯のすばらしさに圧倒されることのほうが多い。

運命のいたずらではあったがオーストラリア社会で生活するようになった結果、私は英語に密着した生活を強いられるようになった。しかし、それ以上に強い影響とサポートを受けたのは、彼らからだった。

彼が死んだときは大変だった。独身のまま、日本に多くの不動産を残して逝ってしまったからだ。長い人生で彼が気に入った日本人は二〇人近い。彼はその一人ひとりに応分の遺産贈与をしていた。その財産分与を託された弁護士は大変だった。死んだと聞いた途端、彼のマンションに不法に居直る輩《やから》も出て、人間の強欲に振り回される羽目になった。

オックスフォード大学は長いことスパイ養成の巣ともいわれてきた。全寮制、いやそれ以前のパブリックスクール時代からの長い男同士の友情が強い連帯意識を育んだからで、それが理由の一つだといわれてきた。前述したとおり、徹底して情報を集めるとなると人間はいつしかスピアヘッドになる。そして鋭角的、先鋭的になればなるほど、どこかの落とし穴にはまり込む危険性が高まる。これは避けようとして避けられるものではない。だから、それを失敗だとか、おかしな奴だと結びつけるのはいかにも短絡思考の持ち主で、こういう人は、情報はもちろんのこと英語にも強くならないタイプではないか。

オーストラリアでできた友人のなかにもホモセクシュアルの人物がかなりいた。最初は彼らとのつきあいの距離がつかめず苦労した。精神的には嫌いでなかったが、相手はあくまで異性のような存在だから百パーセント気持ちを分かちあうわけにはいかなかった。気心以上の関係に飛躍するときの線引きがなかなかできない。レストランでアイスクリームを同じスプーンで分かちあうのには勇気が要る。砂浜で同じタオルを使い、結局は異性と違わない関係に行き着きそうな危険も当然ある。英語圏で生活する際、いちばん苦労するポイントの一つであろう。そこをどう乗り越えるか、あるいは対応するか、これまた情報作戦の一つである。

捕鯨禁止に訳あり

日本政府が主導した博覧会で、赤字決算になることはまずない。もちろん、膨大な補助金が注ぎ込まれるのだから、当たり前といえば当たり前の話である。しかし、地方公共団体がやると、だいたい赤字になる。本来、日本政府が関与しない博覧会は厳密にいえば存在しないはずなのだが。

日本では地方公共団体の長たる知事や市長が勝手にやるものだから、これを「勝手博」と呼んで国際条約によって規定されている公式博覧会とは区別している。「十勝博」や「石狩博」「富山博」などだが、これは民間企業と地方自治体が共同でおこなう営利事業だから、まずは赤字で終わるのが常識である。日本政府がやると黒字になる。なぜか。政府主導の見事なシナリオができているし、金もふんだんにつぎ込める国策だからだ。

初めから黒字が見えるほどぼろい商売もない。となれば、あらゆるツテを頼って人が集まってくる。

そうした関係者の動きを見ていると、やがて日本社会を仕切る人脈構図が見えてくる。たとえば、自然科学と社会科学を超える統合された科学を目指す複雑系研究所をつくろうという思惑をもっているグループがいるとする。となれば、誰と誰が絡んで所轄官庁や有力政治家との根まわしに取り組んでいるか、役所に強いか、同時にそのアイディアに共鳴し、裏で提灯記事《ちょうちんきじ》を書いてくれる新聞記者の顔も、出身大学や系列グループからわり出すことができる。つまり、情報を発信する場合、こうした川上から川下に至るすべてのプロセスを見ておかなければならない。

アメリカがイラク攻撃に踏み切ったとき、国防省内では終戦後から三年後までのリハビリテーション・プログラムが同時に始動していた。戦争だから長引けば戦争反対の声も強くなる。戦いである以上、民間の犠牲者が増えたり、誤爆や無用な市民殺傷もある。さらには指導部が隠していた戦争の本当の目的がどこで露見するかもわからない。

そうしたマイナスの面をすべて洗い出し、それに関して一つひとつカウンターキャンペーンを実施する。究極のねらいはブッシュ大統領の人気を再び盛り上げ、再選させることにあった。そのために首脳会談はもちろん、反グローバリゼーションの集まりであるポルト・アレグレ会議に至るまで徹底して情報がかき集められたのだ。

ちょっと古くなるが、フランスのクレッソン首相（在任一九九一〜九二）の失言問題もいい例だ。「日本人は黄色い蟻《アリ》だ」といった女性首相で、日本人が世界で最も不快感をもつ首相だと反発した人物である。多分に憎しみの交じった言葉のやりあいだったことは否定できないが、このとき私は、アグリーというのは顔ではない、この人の言葉と行動からして品性がアグリーなのだと勝手に決め込んだものだ。

当時、彼女はミッテランの右腕だった。フランスでも評判は芳しくなく、ダーティーハンドな首相だというウワサがもっぱらだった。泥沼に手を突っ込んで、ミッテランの影でこそこそやっている人物が、何を勘違いしたのか表に出てきてしまった、そんな感じだった。このクレッソンがどういうことをやってきたか、当時の情報をおさらいすると、スポークスウーマンとしての動きも全部見えてくるわけで、情報分析に関する演習問題といってもいい。当時は知らなかったのだが、結局はミッテランの愛人であったし、フランス企業と密着、利益誘導型の政治家であった。

アメリカ、オーストラリア、ニュージーランド、イギリスなどはどこも同じで、政府が産業スパイ活動を積極的におこなっている。国家安全保障局とか呼ばれる特別の組織がそうした情報を収集している。極端にいえば在日オーストラリアやイギリス大使館などにも、その分野だけに特化した参事官クラスの外交官が配置されており、アメリカ大使館と密接な連携体制を組みながら動いている。そうして集められた情報が積もり積もって、日本の産業界や政府を叩く材料になっていく。

たとえば、一九七二年のベトナム戦争も同じであった。アメリカ軍はゲリラの南下ルートを白日のもとにさらすために、大量の枯葉剤を北のジャングルに投下した。その結果、多くの妊婦が化学物質の影響を受け、奇形児が大量に生まれた事件である。

あのとき、北欧のストックホルムで国連主導による国際環境会議が開催された。アメリカは国力を挙げて情報操作をおこない、世論の関心をベトナムでの枯葉剤散布から日本の捕鯨乱獲へ移させようとする大規模な作戦を始める。それが捕鯨禁止に焦点を当てたアメリカの反日キャンペーンの開始となった。ベトナム戦争でアメリカ軍は北ベトナムに対する本格的爆撃を開始、想像を超える環境破壊をおこなっていた時期である。

もう一つは、ウェスティングハウスの原子炉事故が契機となって、アメリカが原子炉と抱き合わせでウラニュームに膨大な値段を吹っかけて日本に売りつけていることが暴露された事件であった。この二つの事件はほぼ同時に、すなわち一九七〇~七三年にかけて浮かび上がったが、当時、これらの事件を関連づけて考える人は日本では皆無であった。そして、その裏で、二つの出来事をコントロールし、操作していたのがキッシンジャー国務長官であった。

キッシンジャーが国務長官時代に携わった捕鯨関係の公式文書はすべて封印されたままになっている。すでに期限が切れ、公開されてもいい文書が超極秘文書ということでアクセスできない。私はなぜアクセスできないか確認したが、キッシンジャーが自分のメモワールを書くために永久借り出しをしているということだった。

その後、プラハでキッシンジャーに会う機会があったので、この件について聞いたのだが、一切無視を決め込まれてしまった。実際には彼が国務長官をやめたとき、アメリカ政府との間で密約を交わしたといわれている。彼が関与した重要な国家機密文書については二〇〇五年まで一切公開しないということであった。それも条件付きで、彼がそれ以降も長生きしていた場合、それらの文書は彼が死ぬまで公開しないという自動延長説もささやかれている。そして、私の知るかぎり現在も未公開のままだ。

くどいほど世界の指導者の悪行、私欲まみれの行動を情報操作という側面から羅列してきたが、今後主役になるであろう人物には触れなかった。世界をディールという言葉一つで利益を誘導するトランプはその意味で名を残すことは間違いない。いや中東、アジア、アフリカにはトランプのクローンが目白押しだ。最も懸念すべき重要なテーマだが、ここで取り扱う課題ではないのが残念だ。

情報にはいつも裏がある

ここまで考えると普通の人なら嫌気がさし、諦めようという気になるかもしれない。実はそれが彼らのねらいどころなのだ。五〇年、一〇〇年の間、知らぬ存ぜぬで押し通し、事態が沈静化し、既成事実化が終わった段階で、改めて謝罪するケースが多い。時効が訪れてから自分が犯人でした、というのと同じだ。しかし、覆水盆に返らず。

イスラエルは二〇〇七年にシリアの原子炉を空爆したが、その事実を一切認めなかった。そして、二〇一六年三月になって初めて公式に認めた。なぜか。アメリカと手を組みイランの原子炉を次のターゲットにする日が近いという暗示以外の何ものでもない。

第二次世界大戦中、アメリカ西海岸に住む日系人を強制キャンプに収容した件、ハワイを武力で強引に植民地化した件も同じである。前者で五〇年、後者のケースでは一〇〇年を超えてからアメリカ議会は公式に謝罪した。

だから、情報にはいつも裏があると見たほうがいい。とりわけ、アメリカから情報が出てきたときは、善悪は別にしてアメリカにとって好都合な付加価値がつけられ、色づけがなされていると考えたほうがいい。

キッシンジャーが国務長官だった当時、もう少し疑り深い日本人がいて、キッシンジャー外交の本質は何なのか、彼の言うこと、なすことを、もう一押ししておけば、彼の情報操作もそこまで一方的にうまくは運ばなかったであろうに。また、彼らに対抗するカウンター情報の流し方もある程度できただろう。残念ながら、戦後の日本には国家的な戦略がない。それもまたアメリカの思惑でもあったのだから、彼らに対抗すること自体馬鹿げたことなのかもしれない。

私の手元にインターネットで流されてしまった一枚の写真がある。京都の祇園で舞妓を上げてドンちゃん騒ぎをしている写真である。私が真ん中に座り、正座をして返しの杯を受けているのが女将。その傍らには、かつてチェコで最高秘密警察の長官をした男が身を乗り出し、まさに舞妓さんに迫ろうとしている迫力のある写真だ。その奥にきちんと正座して座っているのはある仏教宗派の大僧正である。

実際の写真を見ないことには想像できないだろうが、こうしてまったく毛色も、背景も違う人間が、なぜ京都の祇園で大騒ぎしているのか、それだけでも不思議に思える写真である。

それを見たと想定し、想像力を働かせてほしい。それだけでいくつもの疑問が湧いてくるはずである。その推測、直感が実は情報の本質に迫ることになるのである。もちろん、この状況に至るまでには長い物語があるわけだから、一人ひとりの想像力もまた違ってこよう。

そこに情報分析の面白さがある。英語も同じである。同じストーリーをしゃべる必要はまったくない。結論が同じであったとしても、そこに至るストーリーには個人差があって当然だし、個性が反映されて当然なのだ。

こんな謎解きを出したのは次のような想定問題を出したかったからだ。自分の手元にあるアルバムから古い、かつ傍《はた》から見ると奇妙な写真を見出し、そこに至る過程を丹念に思い出してほしい。実はそこにストーリーを作り上げる鍵が含まれていることが理解できるだろう。スピーチが苦手な人は一枚の写真からできるだけ長い物語をしゃべるよう工夫することから始めるといい。たった一枚の単純な風景写真をもとに、二〇分でも三〇分でもしゃべれる自分を見出し、驚くに違いない。

もちろん、日本にも外国人と同じ感覚と次元で物事を追及した人もいる。外務省をすでに退官し、大学教授になった井口武夫さんという元大使である。父親も高名な大使で、最後は事務次官まで務めている。その彼が井口家の無念というか、不名誉を晴らすためか、あるいは歴史の事実を紐解くという情熱のためか、一人で奮闘している。

日米戦争突入のときの最後通告、すなわち本国から届いたもろもろの訓令のなかにあった最後通牒の翻訳が予定された時間内に間に合わなかった。翻訳の最後の一四通目がそれにあたるのだが、そのため、当時大使館に参事官として勤務していた彼の父親がそれをルーズベルト大統領に持っていくのが遅れてしまった。そのわずかな時間の遅れから、日本はその後、ずっとアメリカから卑怯だと責められ続けることになった。そして、その遅れを招いた直接の責任者として、彼の父親が職務怠慢の責でずっと非難され続けてきた。

戦後、井口武夫さんは不当ないいがかりをつけられ、かつ邪険に扱われてきた父親をずっと見続けてきた。同時に、父親からは「世の中で語られていることと事実とは違う」と何度も聞かされたに違いない。となれば、なんとしても真実を解き明かさねばならない。それには父親と同じように外交官になるのが手っ取り早い。そう心に決めたに違いない。

そして、時間さえあれば開戦に至った事実を本業の傍ら追いかけ続けた。オックスフォード大学に留学後、アメリカに駐在し、歴史の研究は補強され続けた。そして、対米開戦をめぐる諸問題が虚構の上に築かれていると確信するに至る。

よほどその思いは強かったのだろう、最後は「邪険の剣を帯びて祖国を守る、日本の名誉ある大義を切に訴える」というトーンのあがった文章さえ書くようになった。

彼の主張を要約すれば、当時、外務省の北米一課長だった人物がすべての情報を握って、都合のいいように操作していたという一点に尽きる。当時の北米一課長とは、その後外務省のドンと呼ばれるようになった加瀬俊一《かせとしかず》氏であった。その加瀬さんがすべての情報を操作していたという。井口大使によれば、外務省の公文書を全部調べてみて、重要な電報が二本欠落していることがわかった。その背景に何か作為があったというのが彼の主張である。

しかし、加瀬さんはいかに乞われようと「当時の軍部の名誉を守るためだ」といって頑として口をつぐんでいる。彼は間違いなく墓場までこの秘密情報を持っていこうとしている。それが井口さんを焦らせる理由の一つでもある。

また、ルーズベルトとチャーチルとスターリンが戦後処理をした三大指導者であると歴史書は語っており、かつ私どもはそれを信ずるしかない。しかし、その後明らかにされたもろもろの事実を積み重ねていくと、どうもスターリンとルーズベルトはコンプレックスに悩まされた卑屈な人物であったらしい。チャーチルだけは貴族出身であったので、三人の間にはいい知れない心理的葛藤や肉体的ハンディキャップが作用し、それが戦後の世界の枠組みを決めたという研究者も出てきている。

情報というのは面白くもあり、恐ろしくもあり、面妖なものだと考えるのが肝要であろう。その情報を仕切り、分析する上で、英語がその中心的役割を担うようになって久しい。私にはかなりの数の甥や姪がいる。その大半はすでに三〇歳台半ばに達したが、今になって「叔父さん、どうしても英語を覚えたい。どんな苦労も厭わないので」と相談を持ちかけてきたりする。事情を聞いてみると、なるほどと納得することが多い。同時に日本社会が構造的に大転換を起こし始めているのが実感できる。

勤めている会社にも多くの外資が参入してきている。そうなるとトップは外国人になる。あるいは日本人が依然としてトップに座っていても重要な指示は本社のある外国から英語で送られてくる。こうした事態に対応できないと幹部にはなれない。ついでコンピューター万能時代である。多くのコンピューター・ソフトの根幹は依然として外国の組織に握られており、そのマニュアルや原理・原則を理解しないことには最先端の情報の根幹すら入手できず、人に遅れをとることになる。

日本の首相が外国を訪問し、相手国の元首とある重要な、かつ微妙な取り決めをしたと想定してほしい。当然、その内容を日本語に翻訳する仕事は日本外務省の専管事項だから、プロを自認する彼らが責任をもって翻訳する。しかし、ほとんどの場合、英語がそのまま日本語に百パーセント訳されるという保証はない。事実、日本にとって都合のいい、玉虫色解釈で真意をぼかすケースが露見している。

文章を書くのを商売にしている私の場合は、こういう政府の発表を鵜呑みにするのはきわめて危険で、どうしても原典にあたる作業が必要になる。英語はその意味でも避けて通れないし、仕事を効率よく進める上で最良の武器といえよう。

アメリカがイラク戦争を仕掛けるときにおこなった情報操作疑惑が次々と露見し始めている。しかし、アメリカはいつの時代も情報操作に関しては中毒症状を示してきた。政府と大企業の利害がいつも密接に絡みあってきたからだ。当然、懲りない面々がホワイトハウス入りを目指す。アメリカ発の情報に関しては、まずは疑うところから始めねばならない。

イデオロギー・フリーを求めて

ロンドンで大規模なデモが起きた翌日だった。デモで知りあったイギリスの共産党幹部から電話があった。昨日のデモの評価をする幹部会があるので同席しないかという誘いであった。指示された場所はリージェント・パークからそれほど遠くないジオラマ劇場の舞台裏であった。小道具置き場かガレージを改造したような会議室には一二名ほどの幹部が集まっていた。全員が昨日のデモに参加していた。

米英主導によるイラク攻撃にあたり、左翼グループ、労働組合、共産党、社会党などが「戦争反対」の旗印のもと、急遽、連合組織体（stop the war coalision）をつくり、大規模な戦争反対デモを組織化したのが、その背景にある。

この緊急会議が開催されたのは、実は昨日のデモの動員数が期待した一〇〇万人にははるか及ばず、二五～三〇万人にとどまったことに対する危機感があった。

戦争開始前のデモでは一〇〇万人を楽に超える人々を動員できたのに、戦争が始まった直後の、このデモの参加者数の激減はいったい何を意味するのか、誰もがその原因を知りたがっていた。しかも週末、絶好のピクニック日和ですらあったのだ。

議長を務めるジャック・コンラッドによる昨日のデモの評価とともに今後の作戦に関する緊急提案を受け、その後、出席者全員が各々発言することになった。

海外、しかもマルクス・エンゲルス以来の伝統を持つイギリスの共産党の会議に顔を出すことなど夢想すらしていなかっただけに、かなり緊張したが、同時に期待するところ大なるものがあった。

何より驚いたのは、冒頭の報告に立ったジャックが出席者に「my fellow comrade」と呼びかけたことだった。カマラーデ、すなわち「我が共産党同志」と呼びかけたのだ。時代が一気に五〇年も戻ったような気がした。

彼の話はまるでモノローグに近かった。

「民主主義を死守する、それが大前提であった反戦デモが、なぜ二五〜三〇万人にまで減ってしまったのか。少なくとも戦争が始まったばかりなのだから、もっと大規模かつ反政府姿勢の強いデモが組織化できるものとばかり思っていた。しかし、期待は裏切られた。今日のブルジョワ新聞の取り上げ方を見ればそれがいっそうよく理解できる。

しかし、過去を振り返ってみると、いつもこんな調子であった。いったん戦争が始まり、英米連合軍がバクダッドを占領する、あるいはサダム・フセインが二週間以内に殺されてしまえば事態は瞬く間に沈静化してしまう。そしてドナルド・ヘンリー・ラムズフェルド国防長官に代表される盲目的主戦論者の意見が支配力を握り、指導力を発揮する。

ならば、英米連合軍の敗北こそ世界平和への大義につながるはずだ。昨日の結果を踏まえ、我が党としては、今後この方向にそった態度表明をしたい。戦争を中止させることは現状ではとうていできない以上、敗北主義といわれるかもしれないが、こうした姿勢で臨みたい」

彼がこういい終わるや否や、全員が発言をしたいとの意思表示をした。激論が始まる兆候であった。

日本で安保反対デモが盛んだった六〇年代、七〇年代もまさにこんな状態だった。アメリカがなぜ、かくも思い上がった好戦的態度（jingoism）を貫こうとするのか、私は一人ひとりに聞いてみたい衝動に駆られた。

しかし事態は思わぬ方向に発展していく。最初に発言した男がレーニンやらカウツキの名前を頻繁に出し、理論闘争を挑んだからだ。こうなると左翼と呼ばれるインテリゲンチャは弱い。誰もが自分ほどマルクス、レーニンの著作を徹底して読んでいるものはいない、と競って知識をひけらかす競演場になるからだ。

議論のための議論が積み重なっていく。「現実の世界を直視せよ、アメリカが負けるなんてありえない。その事実を認めた上で独・仏との亀裂をもっと深くする方法を考えるべきだ。帝国主義国家間の争いを激化させるべきで、敗北主義は断固排除すべきだ」。他の者は、「戦争とデモを結びつけることが無理なのだ。大衆に酸素を供給し続け、政権を交代させることがねらいなのだ」。

各々が叫びつつ自説を主張し始め、会議は統制を失いつつあった。

誰かが叫んだ。「イラクの戦争でロシアの二月革命のような萌芽はどこにあるのか、どこにも見当たらない」。

このときだった。議長が叫んだ。「shut up」。

結局、会議は私が期待したような方向には進まなかった。彼らは依然として旧態依然たる共産主義のイデオロギーに囚われているのだった。ブッシュ大統領の取り巻きがジンゴイズムに囚われているように、イギリスの共産党もまたイデオロギーから逃れられないのだ。こうした頭でっかちの人間が世界を指導している。何かが間違っている。

究極、行き着くところは人間……。

サイバー戦争に見る情報化社会の行方

一九九四年一月元旦未明、日本は希望に満ちた新しい年を迎えたばかりであった。そのとき、世界を驚かせるニュースがメキシコから飛び込み、日本の新聞社はその対応にてんやわんやの騒ぎとなった。特別元旦特集号を刷り終えたばかりの新聞社ではほとんどのスタッフが年末、年始の休暇に入っており、やがて世界、とりわけアメリカを震撼させるこのニュースを追いきれなかった。しかも翌二日は新聞の休刊日である。それが主な理由となって、この事件は日本で大きく取り上げられることも、世論の注目を浴びることもなく、やがて他のニュースのなかに埋没していってしまった。

これが時間の経過と共に喧伝されるようになるサパティスタの蜂起であった。古くからメキシコ、中南米に土着していたマヤ民族の末裔が人間の真の尊厳を世界に訴えるべく蜂起したものだった。

この革命は今までのいかなる革命とも違っていた。誰も政府を転覆することを望まず、いわんや彼らが権力を掌中に納める気もなかった。武装しているとはいえ、武器のほとんどは鍬や鋤、せいぜい小銃程度。しかも大半の兵士は学生・婦女子であった。

全員が顔を黒いマスクで隠していたが、これは後々政府から摘発、弾圧されることを恐れてのことだ。だから革命とはいいながら権力とは無縁で、ひたすら人間が人間らしく生きるその権利を認めてほしいという、切なる人間の根源的、悲痛な叫びに過ぎなかった。

彼らの主張がすべて網羅されているといわれるラコンダ・ジャングル宣言の冒頭にはこう謳われている。

We have nothing to lose, absolutely nothing, no decent roof over our heads, no land, no work, poor health, no food, no education,no right to freely and democratically choose our leaders, no independence from foreign interests, and no justice for ourselves or our children.

これほど簡略でわかりやすくムーヴィング（moving）な英語もあるまい。それでいて訴える力は爆発的だ。

失うものがない、と言いきれる人間のこの開き直り。世界で起きている現実と照らしあわせ、この事態を直視してほしい。喉の渇きを癒す水さえ手に入れるのに苦労する。じりじりと肌を焼くような灼熱の太陽から逃れるすべもない。病気になった妻や子に最低限の医療を施すべさえない。そんな状態が数百年にわたって続いている。

その傍らで石油を求めて国際企業が進出し、広大な敷地を確保するとともに、直ちに頑丈な鉄条網をその周囲に張り巡らす。周辺の原住民はさらに辺境の地に追いやられるばかりだ。公害にもさらされている。それがメキシコのチアパス州の現実である。

アフリカのナイジェリアでもチアパス州とまったく同じ現象が起きている。それでいて、石油開発による公害を告発しようとする地元のジャーナリストは軒並み、何者かによって暗殺される事態が続いている。現実に石油開発に携わるアメリカのメジャー（国際的な石油カルテル）、および政府が裏で結託、関与している疑いが濃厚なのだが、住民側には絶対といえる証拠をつかむだけの調査をやってのける能力も資金もない。

もう我慢も限界だ。「Enough is enough」。彼らのうめき声がこの一言に集約される。

こんな世界を我々は見たことがあるだろうか。ヨルダンには少なく見積もっても一〇を超えるパレスチナ難民キャンプがある。それも国連によって公式に認められた数だけである。それ以外にも町の中に点在し、スラム化している難民サイトは数えきれない。

ヨルダンは最近、観光地として脚光を浴び、訪れる日本人も急増している。映画『アラビアのロレンス（*Lawrence of Arabia*）』（英一九六二年）で名高いアカバ湾から死海に至る地域に、聖書に登場する数々の名所・旧跡が残っている。最近ではイエス・キリストが洗礼を受けた場所も特定された。しかし、どの観光客もパレスチナ難民キャンプにまで足を運ぼうとはしない。

排水施設もなく、一歩家の外に出れば砂漠を二〇～三〇センチ掘っただけの簡易排水溝があらゆる方向に伸び、悪臭が漂う。溝にはあらゆるものが流されるので所々で滞留し、排水があふれている。とりわけ始末が悪いのは女性の使用済み生理用品である。排水の流れを止めてしまうからだ。こんな劣悪な条件で生きていくことの意味を問うのは無意味である。そんなことにはおかまいなしに先進覇権国の資本攻勢が続く。何かが間違っている。もし、先進覇権国が劣悪な環境に彼らを追い込み、生き恥をさらすような生活を未来永劫続けさせるような状況を放置するならば、彼らはあらゆる手段に訴えても立ち上がる権利があると言わざるを得ない。

こうした事態を、とりわけ中南米で直面、その深刻さを理解してきたのが辺境で働く教会関係者、とりわけ神父たちであった。やがて、聖書を手にするとともに、もう一方の手に武器をもち、過激な方法で社会そのものを変えようとするグループが出てくる。

チアパスの反乱が他の世界で起きた「貧者の蜂起」と決定的に違ったのは、先進国が最も得意とする情報発信機能をフルに活用した点である。彼らは決起するとともに、世界中の人権団体、ＮＧＯに対して自分たちの主義主張を訴えるとともに、直ちに関係者を現場に送り、その目で実態を見てほしいと訴えたのであった。

文盲率が五〇パーセント、電力の普及率二〇パーセントといわれるチアパス州で、なぜこのように迅速な行動が取れたのか、それには二つの要素が大きく働いている。一つはこの運動に共鳴した左翼学生がチアパス州に結集していたことだ。また、それに注目した教会が優秀な学生をイタリア、フランスに留学させ、情報化社会の重要性を日頃から徹底して教育してきたからであろう。

この決起に直ちに反応したのは、当然ながらメキシコ政府とアメリカ政府であった。しかし、両者の判断基準はまったく逆方向であった。メキシコ政府は単なる農民、しかも辺境にある農民のうっ積した不満が噴出しただけの、組織化されていない烏合の衆の、農民一揆とみた。直ちに軍を総動員し、弾圧にかかった。

他方、アメリカはいぶかしがった。本来、こうした反乱は少なからずチェ・ゲバラ、あるいはカストロの思想につながっているはずなのに、その煙さえ見えない。反乱軍そのものが最初からそれを否定する声明文を出している。ここがアメリカの情報戦に長けたところである。とりわけ、アメリカの戦略研究を請け負う屈指のシンク・タンク、RAND コーポレーションはこの特異な現象を見逃さなかった。

研究者の脳裏によぎったのは、「ひょっとすると、これは世界最初のサイバー戦争(social netwar)ではないか」という疑問だった。直ちに国防省と協議、彼らは最大の予算と人材を総動員して、この反乱をあらゆる角度から研究することに踏み切った。その結果、彼らはこの反乱を「An insurgence becomes a social Netwar」と規定したのだった。そして、世界至るところでチアパスと同じサイバー戦争が起こりうる、と警告を発したのである。

幸か不幸か、彼らの予告は九・一一テロによって証明されることになった。彼らの警告はホワイトハウスの最高首脳にまで届かなかったのだ。

それだけに彼らはその失政を覆い隠すべく躍起となる。その結果、彼らはアフガニスタン戦争でサイバー戦争を実践して見せることになる。残念なことだが、一九九四年元旦、メキシコで起きた世界最初のサイバー戦争は、その後アメリカによってアフガニスタン、イラクで残酷なほど完璧に実践されることになった。彼らはそれをcounternetwarと呼ぶ。そして、国家による情報操作こそ、国家にとって最も効果的な武器になりうる(Information strategy is emerging as a new tool of statecraft.)と断定している。

もし、このアメリカの戦略国際問題研究所（Center for Strategic and International Studies：CSIS）の指摘する方向に世界が進むとすれば、国家はもちろん、あらゆる社会的組織、法制度、正義、および論理、テクノロジー、社会秩序に及ぶ包括的戦略を打ち立てることになる。すでにアメリカの兵士がいかなる蛮行を働こうと外国政府が逮捕し、罰することを禁じたし、ベルギーが誇る戦争犯罪に対する人道法もアメリカの圧力で廃止に追い込まれている。

こうした動きに、組織的に対抗する道は残っているのだろうか。理論的にはある。NGOである。国境を楽々と乗り越え、基本的人権の確保、民主主義の拡大を求める彼らには、いかなる軍事力も経済力も究極的には対抗できない。

しかし、この点もすでに彼らは気づいている。当面、人間の盾、あるいは徴兵拒否に対して徹底的弾圧を加える一方で、着々と主要NGOにアメリカ政府の代理人が浸透し始めているからだ。このまま世間の流れに身を任せているとすれば未来は暗い。

第4章

情報力と英語力を鍛える実践現場

国際ペンクラブの体験を通じて

作家の集合体・ペンとその存在意義

まず英語力と情報力を鍛える実践の場として、ペンクラブ（ペン）と呼ぶ作家の集合体、ならびにその存在意義を概略説明したい。現実の問題として、ペンは組織から最も遠い組織体で、同じような活動をする他の団体とも紛らわしく、ペン会員のほとんどが組織そのものを詳しく理解していない。一昔前、アジアでの存在感を強化したくモンゴル・ペンの設立に奔走したことがある。大変な作業と苦労を伴ったが、その発足式の壇上で初代会長がしたスピーチには腰を抜かしてしまった。曰く、「これで我々は世界各地で開催されるペンの諸会議に招待される。出張経費は主催者、あるいはお金持ちの日本ペンがもってくれる。同時に外国への窓口も開かれた。モンゴル語でしか発表できなかった自分たちの文学作品が、これからは世界のあらゆる言語に翻訳され、出版されることになるのだ」。

以来、彼に会うたびにペンの存在理由や活動内容を口酸っぱく説明したが、亡くなるまで理解してくれることはなかった。死後、その娘から連絡が入った。父親の遺品などを整理していたところ、モンゴル・ペンの会長をしていたことが分かった。ついてはその職を自分が相続するので、どう手続きをしたらよいのか、と。一事が万事この調子で、国際ペンクラブ（国際ペン）のエピソードだけでも楽に一冊の本が書ける。

しかし、笑い過ごせる問題では決してない。国際社会で共通の目的を分かち合い、かつ相互理解と協力を確立することがいかに難しいか、それを証明するエピソードだからだ。だからこそ作家たちが寄り合い、文学を通じて世界の平和と安定に少なからず貢献したいという初源的な動機が成り立つ。

国際ペンは、一九二一年にロンドンで設立された。当時、イギリス国内には自国の作家だけで構成されたイギリス・ペン・クラブと称する類似のクラブがあり、そのメンバーの何人かがペンの国際化運動の担い手となった。主な設立の動機は、第一次世界大戦で主戦場となったヨーロッパ各国の作家たちが交流を深め、言語を含めた文化の違いをお互いに認識し相互理解を促進させることで、将来戦争への道を避け、二度と国民をこのような悲惨な戦争に巻きこまないための一助になるのではないか、という、いま振り返れば極めてナイーブなものであった。その後の歴史は知っての通り、世界はさらに悲惨な第二次世界大戦を招くことになる。しかしこの過程で、国際ペンは度重なる失意を味わいながらも鍛えられ、言論の自由を守り、人間の尊厳を無視する全体主義に抗い闘う組織へと変貌を遂げる。同時に、ペンの目的に賛同するヨーロッパ以外の国々が、民族自決、非同盟主義と植民地からの解放などを求めて結集、国際ペンの一つとして参加し始めた。その支部が現在クラブ、ないしはセンターと呼ばれ、現在一〇〇を超える世界的組織になった。

ちなみに、日本ペンクラブは一九三五年に設立されたこともあり、依然としてクラブという名称を維持し続けている。現在、国際ペンはクラブという言葉自体が排他性をもつということで、センターに改称することを勧めているが、いまだ道半ばである。

グローバル化と共に交通、通信手段、少数言語などの地域格差が問題となり、国土の大きな国は最高で三センター、多民族国家も同じく言語別センターを三つまで認められるようになった。一時期、オーストラリアにはシドニー、メルボルン、パース、そしてアデレードの四都市にそれぞれのセンターが存在していた。それは、一か国がペンの総会で四票の投票権を持つという矛盾した状態を産んでいく（現在はメルボルンとシドニーの二つに統合）。

さらに深刻だったのは国の変遷であった。一つは共産主義国家の樹立で、彼らは文学活動を国のイデオロギーを国内外に広める最大の啓蒙・教宣活動の一環とし、ペンに対抗した作家同盟（ないしは連盟）を設立した。現在の表現で言えば、国家のプロパガンダ組織である。それ故、国家があらゆる支援を行い、建物、運営経費はもちろん、別荘、作家への給与、医療費などをすべて顎足つきで抱え込んだ。「作家の甘い生活」と時に揶揄されたが、それは作家が思想を国家（あるいは組織）に売った時に享受できる苦い代償であった。旧共産主義国家ではその残滓をいまだ引きずっており、国家から払い下げを受けた別荘、建物、時にはレストランなどの資産を巡って壮絶な争いが繰り広げられている。

もう一つやっかいなのが、自国で思想的に弾圧され、他の国に亡命した亡命者作家のグループである。最近の例を挙げれば、一九八九年の天安門事件後に国を逃れた、当時は学生だった中国人による独立中国語ペンセンター、あるいはベトナム戦争で国をズタズタにされたベトナムのボートピープルを中心に設立された複数の亡命者ペン、などである。それ以前は、ファシズムで弾圧されたユダヤ人の動きが大きな流れとしてあった。排斥された彼らは世界中に散らばり、それぞれの亡命先でペンセンターを設立、ファシズムに対抗した。その究極の理想が、エスペラント・ペンセンターの設立であり、現在もスイスに本拠地を置いて活動を続けている。

最後に、国際ペンによって毎年発表される、世界で活動するペンセンターの会員数についても記しておきたい。不思議なことだが、どの資料を見ても数字が一致することはない。実はここにも国際ペンが抱える抜本的、かつ構造的な問題が隠されている。

そもそも、ペンは各ペンクラブの自治による緩いグラスルート（草の根）の組織体で、それぞれのお国の事情に応じ、運営も活動も任され、本部は単に各センターとの連絡体制を維持するためのものだった。それ故、必要な経費も各センターからの会費で十分賄うことができた。

しかし官僚化が進むにつれ、国際ペンが統一指令を出し、世界中のペンセンターに何かと口だしするようになった。爾来、ペン組織の中央集権化はもちろんのこと、本部に勤めるいわゆる専門職員数の増加、年間を通じての海外出張へとつながっていく。当然、活動資金は枯渇する。こうして、各国政府、大企業、各種慈善団体、ＮＧＯなどからの資金援助を恒常的に仰がねばならない組織になってしまった。

いつしか、資金調達（ファンドレイジング）の名目で、職員が申請書を携えながらファンドを求めて世界中を動き回るという自己矛盾に陥っていく。となれば、世界中の会員から集める会費の値上げも必然で、途上国のペンはその支払いに苦慮し、結果として会費を滞納する。それに対し本部はペンの活動を停止、一年後には存続そのものを廃止する強硬手段に出る。その一方で、新たなペンセンターを設立することに奔走し、数字合わせに精を出す。その結果、会員数は猫の目のように変わる。この構造的欠陥を是正しない限り、ペンは名目上存続するだろうが、次第に本来の目的から遠ざかっていく。

サロン活動の真髄

国際ペンクラブ（国際ペン）にサロン活動は欠かせない。ただ、今のように忙しく技術や情報、あるいは仕事に追いまくられる時代、こうした活動の場が狭まりつつあるのは残念である。日本ではそうしたサロンという場をつくろうとする奇特な人はいない。いや、そうした志をもったとしても環境にそぐわないのだろう、長続きしない。だから粛々と自分の領域を築き上げ、サロンの期待に応え、自分（個）の領域を広げようとする信念の人も育たない。残念だが、西欧と日本の間には、この点に関して共通の風土はほとんどないに等しい。

そんな不満を常日頃から抱いていたが、さりとて自分には、そのどちらにも転ぶ才覚など微塵もなく、評論家然として、そういうものが日本にもあればいいな、と不平不満をただ口にしていただけに過ぎない。ところがひょんなことから国際ペンの理事選挙に立候補することになり、あれよあれよという間に当選してしまった。その途端に奇跡が起きた。

もちろん、人生において一回起きるかどうかの偶然の仕業であった。

国際ペンの総会で理事選の開票が始まったときのこと。日本ペンの強い要請に従ってしぶしぶ立候補しただけの、ある種の体裁・名目づくりだったので当選など期待もしていない。世界各地から選ばれた、そうそうたる執行部メンバーが居並ぶ雛壇などには目もくれなかった。見ても私には関係ないからだ。だから開票が進められている間も近くにいるペン仲間と雑談しつつ時間を紛らわせていた。そのうち突然、会場から大きな歓声が上がり、自分の名が耳に入ってきた。私は身体を硬直させペン仲間との会話のピッチをいっそう上げた。

「どうせ、アメリカ人かヨーロッパ人が最高投票数を得たにちがいない」と思い、負けたときのバツの悪さを考え、やせ我慢のポーズに切り替えた。隣に座っていた小中陽太郎さんが悲鳴に近い、素っ頓狂な声を上げた「嘘だろう?!」。周囲からも一斉に声が私にかかってきた。「やった」「おめでとう」。なんとトップ当選だった。

今まで冷淡だった人が「実は俺もお前に投票したよ。よかった」などと喜ぶのは国際社会のルールみたいなものだが、半数以上のペン・センターの支援がなければこれだけの票は積み重ならないのも事実だ。

午前の部が終わり昼食に移ったときだった。中年の女性がフランス語で話しかけてきた。全部理解できるわけもないが、かいつまんでいえばこうなる。

「おめでとう。これから国際ペンに新風をもたらしてくれることを期待しているわ。パリには近いうちに来る予定がおありですか。あれば、ぜひ連絡ください」。そして彼女は当選のお祝いに、といって名刺とともに二冊の革表紙でできた小冊子をくれたのだった。一冊はフランスのチーズの生産地を記した地図、もう一つはワインの産地や年代を記した大きな地図であった。以来、我が家では、夕飯のテーブルにはこの二冊が必ず置かれることとなった。

後で知ったのだが、彼女こそパリで文化サロンを主催する名の知れたパトロンだった。すでにご主人は亡くなっていたが、もともとは銀の骨董品を専門に扱うディーラーだったそうで、その残された大変な資産を背景に、彼女はパリでサロンを開いたのだ。話を聞くうちに、「とてもお呼びでない」と悟らざるを得なかった。それでも私は野暮な質問を彼女に浴びせた。「いったい、今までどれほどの日本人をお呼びしたのですか」。

嫣然《えんぜん》として彼女は答えた。「今までに日本からお越しいただいたのはたった一人、大岡信さんです」。

選ぶのは私です、といっているようだった。

これには脱帽するしかなかった。

しかし、こうしたサロンをもっているお金持ちの夫人が、時に国際ペンに出没するから、一つ星さえつかないホテルに泊まるのも我慢せねば、といい聞かせながら国際ペン大会に出かけていくことになる。かといって、彼女たちが属しているペン・センターが裕福というわけでは決してない。サロンのマダムも単なる一般会員か、せいぜいフランス・ペンの理事に留まっているくらいだ。

もう一人、決してお金持ちでもなく、たいした背景ももたないドイツ人女性も忘れることができない。初対面から四、五年、彼女は徹底して私を無視してきた。恐ろしいのは、その感情を隠そうとしなかったことだ。

ある年、空港で一緒になった。これから大会の会場となっているホテルに向かうのだが、なぜか彼女は私と行くのを断ってきた。そして、わざわざもう一台のタクシーを事務局に要求したのだった。その後、バーで一緒に時間をつぶせるほどの近づきとなった。彼女はドイツ・ペンの事務局で長年働いただけで、ペンの正式メンバーになったのはつい最近のことだという。ペンの活動に共鳴し、年金生活者になってから、手元に残るわずかな年金を国際ペンに寄付しているのだという。

　こうした数あるセンターのなかで特異な位置にあるのはアメリカ・センターである。ペンセンターそのものがきわめて裕福である。年末、あるいは新年の初めに大がかりなチャリティー・パーティを企画する。お金持ちのスポンサーを相手に文学セッションをおこなうのだが、このチケットがたいていの場合、千ドルで売り出される。それも発表されるや、二〜三日で完売してしまう。それほどアメリカには慈善家が多い。こういう国では人権ですらお金を集める立派な商品だ。

　なぜか。有り余るお金を税金で持っていかれるより、社会奉仕をしたほうが気分もずっといいし、それにアメリカ的な格好よさ、いわゆるノブリス・オブリジェにつながる。アメリカ・ペンが毎年発表するペン・フォークナー文学賞は大変な権威を持っており、一つの左証でもある。端的にいってしまえば、文化人の仲間入りをするとともに社会的ステータスが上がること請け合いだ。バラク・オバマが大統領になる前、シカゴでＮＧＯ活動に精を出し、そこから人生が急展開したのも社会奉仕のおかげである。

　こうした環境にありながら、なぜか彼らは国際ペン大会をアメリカで開催するなどとは口が裂けてもいわない。世界中のあらゆる問題がその場に持ち込まれ、困惑するのはアメリカだし、かつ各国ペン代表の入国さえ保証されないからだ。つまり、アメリカは国外においてのみ国際ペンへの影響力を強めるものの、厄介な問題はアメリカに持ち込ませないという確固とした方針をもっているようだ（アメリカ・ペンが国際ペン大会を招聘したのは一九六〇年代の半ばだから、すでに半世紀近くだんまりを決め込んでいる）。

このしっぺ返しが二〇一六年の夏季オリンピック開催地に立候補したシカゴにみられるといってもおかしくあるまい。他に、東京、マドリード、リオ・デ・ジャネイロが立候補したなかで、開催地を決定するためのIOC総会がコペンハーゲンで開催され、そこでの明暗を分けた大きな理由の一つと考えられなくもない。

日本からは就任早々の鳩山首相、アメリカからはオバマ大統領とファースト・レディーのミッチェルがこぞって参加、東京、シカゴの魅力を訴えたが二つの都市はともに早々に脱落した。とりわけシカゴが四つの候補のなかで最初に落伍したのは、決してオバマ個人の人気に陰りが出てきていた影響ではない。ましてや彼の卓越したプレゼンテーションがヨーロッパで鼻につき嫌われたわけでもない。

ちょっと想像力を働かせればすぐにわかる。一国を代表し、一定の記録水準をクリアした選手なら誰でも国を代表して参加できるのがオリンピックの謳い文句であり、絶対的条件であるはずだが、アメリカが入国に際してある特定の国に対して一切差別してこなかったかどうか、胸に手を当てて見ればわかるはずだ。

オリンピック以外、たとえば国連の総会でさえ自分たちの理念や思想に合わない、同調しないという口実で入国や滞在を状況に応じて差別してきたのがアメリカである。そのしっぺ返しに対する答えが今回のＩＯＣの答えだったと信じたい。

ところで、ドイツ人女性が私を嫌った理由を種明かししておく。大会中、私の周囲を取り巻く連中が例外なく大酒飲みで、平気でセクハラを繰り返し、それでいて、きれいな女性を見ればその尻を追いまわす連中だったからだそうだ。そんな輩《やから》に、人生の結晶ともいえる年金を寄付している国際ペンが汚されてたまるか、といった感情が流れていたらしい。私もその範疇に入るのかどうか、残念ながらそれは聞きもらした。

その彼女もここ数年、大会には顔を出していない。代わって娘を大会で見かけるようになった。ただ、こうした世代交代は国際ペンに限らず、各国のペン・センターでもきわめて限定的で、多くのセンターでは老齢化による会員減少に悩まされている。その後、同じような人物に何人か出会った。ベルギー人のご夫人一人を除くと皆フランスのマダムである。

ただ、これと同じ機能を国家が率先して担っている国がある。代表的なのはドイツだ。ドイツ全域六〇カ所に自らのアパートを保有し、世界中から文化人、とりわけ作家を中心に招聘し続けている。

水泳と文学はつながっている

ちょっと理解できない現象だが、国際ペンでは水泳と文学がどこか地下水脈で密接につながっているように見える。数年前、イタリアのコモ湖で幹部研修会議ともいうべき特別会議が一週間にわたって開催された。国際ペンの理事、各委員会委員長、それに主だったロンドン本部の執行部が一堂に会した大がかりなものであった。

カーネギー財団が保有する研究施設は玄関からメインのホールまで歩くと二〇分もかかる壮大なもので、湖面から山頂まで一つの山をすべて所有しているほどだ。そのなかに研究棟、食堂、会議場、談話室、図書館、宿泊施設などが点在し、施設の中だけですべての用が足りるようになっている。

この施設の世話になった文学者や学者、あるいは政治家は数知れない。三度の食事から宿泊まですべて無料、いや、カーネギー財団が負担する。逆にいえば、彼らのご指名がなければこの敷地には入れないということになる。招待された文学者はここで思索三昧の日々を送り、やがてその成果は出版物となって帰結する。

カーネギー財団もよく考えたもので、招待する文学者にたった一つの条件しか課さない。すなわち、この施設に滞在した後、本を出版したときはこの施設に併設される図書館に必ず自著を寄贈すること、ただそれだけである。図書館にはこうした本が溢れるほど収納されており、カーネギー財団のこのプロジェクトがいかに成功しているか、その証となっている。

ここで、国際ペン理事に当選したばかりの私は、ありとあらゆる洗礼を受けた。もちろん、こういう環境に入ると、自己の欲や期待がまず先行する。国際ペンの理事になると、世界中でこんな破格の扱いをいつも受けられるのだ、と。

しかし、実際はこのときだけで、以後、それに近い扱いを受けたことはない。少なくともこれだけは一般のペン会員に明らかにしておきたい（ただ正直にいえば、数年後に財団から個人としてこの施設を訪問しませんかという誘いがあった。数カ月間滞在し、一冊の本を書けばいいという条件だった。当然自分の無能力さを知っているので、恐れをなして鄭重にお断りしてしまった)。むしろ、待遇は悪化の一途をたどり、ロンドンでは五階建ての狭い無印のホテルに押し込まれ、トイレもシャワーも共有といったミゼラブルな生活をしばしば経験するはめになった。このときは三〇キロ近い荷物を、狭い階段を使って上げ下げしなければならず、ぎっくり腰になるというおまけまでついた。

一緒に泊まったイジ・グルーシャ前会長(前チェコ・ペン会長)は奥さんとともに「まるで共産党時代の収監所みたいね、いや、学生だったころの修学旅行かな」などとはしゃいでいたが、翌朝、ホテルを変更し、早々と出ていってしまった。

チェコスロバキア(当時)でベルベット革命を成功に導いたハヴェル大統領はいつも収監制度のお世話になったと、後に語っている。西欧から新聞記者や政治家が来ると彼は二〜三日、収監されるのが常であった。当局が彼らとコンタクトするのを嫌ったからだ。

実はコモ湖の施設に入れたのは、当時の会長オメロ・アリディス前メキシコ・ペン会長とベティ夫人のおかげである。以前、詩人としてここに滞在したこと、また、ノーベル文学賞候補にあがっていたこと、メキシコとアメリカが特別な関係にあったこと、とりわけ奥方のベティがカリフォルニアの大手銀行家の娘だった、等々が効いたのだ、と後になって本人から聞いた。

私の話は寄り道が多い。小学校時代からの悪癖で、まっすぐ登校したり、帰宅することはまれだった。天気がよければ午後から学校を抜け出し、山野を走り回った。その影響が文章にも残っている。

さて、水泳の話だが、会議も三日ほど経ったときだった。次の国際ペン会長を誰にするかで議論が沸騰、深夜になっても結論は出なかった。酒が入った勢いもあろう、ロシア代表のサーシャが突然立ち上がり、なぜか私を誘った。「ホリ、頭を冷やすには水につかるのがいいぞ」。

ロシア・ペンで長年、事務局長を務めた。アレキサンドラ・サチェンコが本名。彼とはその後、大変親密な間柄になったが二〇〇七年のセネガル大会の後、急逝。六〇年代、旧ソ連のサッカーチーム、モスクワの代表的選手だった。

こうして私はサーシャに誘われるままに湖に向かった。もちろん、その場のことだから水着などは持ち合わせていない。そんなことにはおかまいなしに、彼は持って来たボトル入りのウォッカを一口あおると素裸でコモ湖に飛び込んでしまった。

こうなれば勢い、追随するしかない。あたりには外灯もなく、暗くて周囲はよく見えない。私も口に酒を含んだままだ。強い酒を飲むときはなぜか、私はうがいをするように、しばし酒を口の中で転がして遊ぶ。少しでもアルコール分を飛ばそう、という下劣な気持ちがどこかに潜んでいるのだ。これがウォッカだと、たちまち口の中の粘膜が荒れる。

二人は立ち泳ぎをしながら、会議のくだらなさに不平をいいつつ、所在なさをしのいでいた。そのうち、話は拡散し、国際ペンをめぐるゴシップ話に移っていった。水の中での会議は井戸端会議となって延々続行するのだった。

実はこれにはわけがある。理事当選直後から、私は何人かの理事にきわめて強い不信と敵愾心を抱いていた。その一人がサーシャだった。いつも酔っ払い、一緒に酒を飲みたがるくせに、大会や会議ではことごとく私に反対した。それなのにバーでの会計になると決まって姿を消し、こちらに払わせた。それに、日本人としてロシアには抜きがたい不信感があり、私もその影響を受けていた。北方領土や漁業交渉をめぐる感情である。そんなこんなで、彼も和解への道を模索していたらしい。

しばらくして会議が終わったのだろう、女性を含め執行部の連中が続々と湖畔にやってきた。そのなかに北欧出身のショールギン専務理事もいた。何をどう判断したのか、彼は女性連中がいるのも気にせず、裸になるや我々に加わった。北方の熊とバイキングの末裔の間に挟まれ、私はただただ萎縮するばかりだった。湖から上がる勇気も失った。裸一貫、彼らに勝負をかけられるモノなど一つもない。こうして三人は明け方近くまで、いや、女性が現場から消えるまで、時にウォッカを口に含みつつ立ち泳ぎを続けるさまとなった。

昼下がり、現場に戻ってみた。大きな看板が岸辺に立っていた。

そこには大きく「水泳禁止」と書かれていた他、ここは汚染地域のため、魚も汚染されており釣りも禁止と書かれていた。

会議の終わる一日前、偶然ながら私の誕生日と重なった。このときとばかり、全員で裾野にある町へ繰り出した。二人から、国際ペンをめぐる人間関係の相関図をびっしり教え込まれていた私は、湖畔のテラスの前で彼らの目線を避け、ひたすら飲み続けるしかなかった。その二人とて、会議になるといつも妙齢な女性を探し出して同伴してくるのが常だった。

口実はいつもこうだ。「国際ペンは貧乏団体で人を雇う金もない。だから、ただで働いてくれるスタッフを自ら連れてきた」。北方の熊はセネガル大会の後、急死してしまい、バイキングの末裔は新しい彼女を見つけ、トルコのウシュクダラに移住、ボスポラス海峡がパノラマ状に眼前に広がる高級マンションで蜜月の日々を過ごしている。

突然亡くなってしまったサーシャだが、存命中、国内外を問わずペンを通じておこなった彼の活動がどれほどすばらしい成果をあげたか、とりわけロシアにおける言論の自由、獄中作家救出活動に関して目を見張る成果をあげたか、ペンの活動に従事する我々が語り伝えていくのが義務であろう。

彼の魅力は何事にもタブーをもたないことだった。モスクワで国際ペン大会を開催したときのことが一つの語り草になっている。大会で開催国ロシアの人権弾圧を問題にすると聞いたとき、プーチンがじきじきに彼に電話をかけてきた。「国際ペン大会に全面的に協力したいので、大会に関する受け入れについて詳しくお話を伺いたい。ついては大統領府にお越し願いたい」と。

電話を受けた彼は丁重に受け答えしながらも、その申し出を断ってしまった。

「私のほうから大統領府にお願いすることは何もない。もし大統領が国際ペン大会に協力するというのなら、大統領がロシア・ペン事務所を訪ねてくるべきではないか」

開催準備の手伝いのため、早めに彼の事務所に詰めていた国際ペンの執行部連中の誰もが度肝を抜かれてしまったこと、いうまでもない。

さらに驚かされたのは、プーチンが本当に彼の事務所にやってきたことだ。ただ、これには徹底した事前チェックが入り、ロシア・ペン事務所の家具調度はもちろんのこと、カーペットに至るまで大統領府から持ち込まれた家具で総入れ替えされる始末だった。

ここでも彼は自分の主義を頑なに主張した。会談が終わった後、彼は側近と交渉を始めた。持ち込まれた家具調度をそのままロシア・ペンに寄贈し、置いていくべきだと。

このときの交渉はすべて順風満帆に見えた。しかし、一年も経たないうちに彼は国家権力に打ちのめされることになる。

ある日、税務署から立ち入り検査を始めるとの通知が届いた。内容はきわめてドライで冷淡だった。ロシア・ペンは正式な設立の手続きもしないまま非合法の活動を続けてきたばかりでなく、その上一度も必要な税金を納めることなく脱税を重ねてきた、とのいいがかりともいえる一方的な通達であった。さらに文面の最後には「直ちに税金を支払わない場合は事務所を閉鎖する」という非情な一文まであった。

このときはさすがの彼もお手上げで、結局、国際ペンの仲間やセンターに緊急支援を訴えるしかなかった。しかし、どのペン・センターも会員の納めるメンバーフィーに依存しているため、財政的に苦労しており、金銭的支援をできるセンターは数えるほどしかなかった。もちろん日本ペンは課徴金全体からすればわずかだが、三〇〇〇ドルを緊急支援金としてロシア・ペンに送っている。

しかし、ロシア政府がそんなことで諦めるわけはない。その後も締めつけは強まりこそすれ弱まることはなく、ほとんど息の根を止められてしまった。

その後、当時の国際ペン会長とともにモスクワに乗り込み、人権派の会員を増やすべくいろいろ尽力したが、結局プーチン支持派が大勢を占め、国際ペンとはまったく相反する自国優先の旧ソ連時代の作家同盟とさして変わらない組織に変貌してしまった。

彼の突然の死についてはその後もいろいろな憶測がついてまわっている。暗殺だという噂が最も多く、現時点（二〇一八年五月）でも話題にのぼるほどだが、確証はない。我々仲間は彼の死をしのんでウォッカをあおるだけだ。

国際ペンクラブの人間模様

三国協定、三角関係、三回忌等、ややこしいことには三という数字がよく絡むが、国際ペンのメキシコ大会で出会った女性三人組との交流は、国際ペンを通じた人間のかかわりを知る上でも楽しいひとときだった。

三人ともイタリア、フランス、そしてスイスの三カ国が接する国境地帯に住み、国境を越え自由に通勤さえできる。ということはイタリア語、フランス語以外に英語やドイツ語が加わるので、少なくとも四カ国語はペラペラというマルチ・リングイスト集団である。

その上、一人はスイスの大学で万葉集を専攻したとのこと、何かにつけ難しい日本語で私に話しかけてくる。彼女の日本語を聞いていると、まるで古文の口頭試問を受けているようで、面倒くさくなり（私が何も知らないからだが）、ついつい英語で返事をしてしまう。それが彼女の気に障ったのだろうか、初対面から数年ほど、会えばきまって「あなたは私のことが嫌いなのでしょう。私もあなたが嫌いです」と畳みかけてくるので、辟易していた人物だ。

三人のいずれもメキシコ大会以前から個人的に知っていたが、これほど仲の良さを見せつけられたのは今回が初めてだった。メキシコでいったい何が起きたのか、私にはわかるはずもなかったが、終始行動をともにすることになった。

会議が終わった後、例によって自由行動の日が設けられた。日本ペンの代表である阿刀田高会長は国内での日程がびっしり詰まっていることもあり、会議が終了した翌日早々に帰国しなければならなかった。私は見送る心づもりをしていたため何の予定も立てていなかった。しかし、旅慣れている阿刀田夫妻は「何も心配しないでいいよ」と声をかけただけで気軽に空港に行ってしまった。

幸い、その日が自由行動日と重なったこともありさっそく声がかってきた。

「遠出をするので車を一台チャーターした。三人も四人も同じ料金だから一緒に行かないか」。そんな事情だし、何をしたいという目的もなく、ホテル周辺をぶらつこうかと思案していたところだったたし、どこか遠くへ出かけたほうが健康にはいいはずだと自分にいい聞かせ、即座に誘いに乗った。

目指すのはスペインのガリオン船時代から知られた、メキシコ有数の銀山であった。それを聞いた途端、彼女たちのお目当てが何であるかすぐに推測できたが、時すでに遅かった。予想したとおり、彼女たちのショッピングに終日おつきあいさせられることになった。

しかし、片道四時間の道中は、予想した以上に面白く、楽しかった。彼女たちは皆、私より若干若い程度だが、出るわ出るわ、すべての話が孫自慢につながるのだった。こうなると、幸か不幸か、未だ孫に恵まれない私としては、ひたすら聞き役に回るしかない。しかし、いつもならゴシップに熱中し、会議のときだけ真面目な顔をして、やれ人権が、表現の自由が、と深刻な話に熱中する彼女たちの本当の姿を垣間見ただけで私は満足だった。

これが契機となって三人組とはかなり親密な話をするようになった。しかし、何年も経たないうちに、彼女たちは深刻な相談事を私に持ちかけてきた。それも三人一緒ではなく、皆個人として話をしたいというのだった。いったい何事かしらん、と思ったのだが、それがなんと三人組の仲間割れの相談だった。

話せば長くなるのだが、彼女たちは生まれ育った環境から、イタリア・ペン、ローマン・スイス・ペン、あるいはイタリア語・スイス・ペンの間を自由に動き回っており、どのペン・センターとも親類縁者のようなつきあいをしてきた。それがまた、三人組をより親密にさせた要因であろう。が、同時に相手の事情をあまりに知り過ぎたがゆえに、感情をこじらせる要因ともなったようだ。

面白かったのは、その根本の原因がたった一つだったことだ。「誰が本当のボスなのか」、その一点であった。三人ともお互い自由に話をしているうちに、どうやらそれぞれ所属するペン・センターの（といっても親類同然なのだが）利益代表になってしまったらしく、三人とも「ああしろこうしろ」と他の二人から命令口調で指示されるのがだんだん鬱陶しくなってしまったようだ。

彼女たちが最後に口にするのは、禁句の一言だった。「ホリ、どうやって彼女にそれを伝えたらいいと思う？　彼女が私のペン・センターに関し、いちいち口を出さないようにさせるにはどうすればいいか」。

私にとってこれほど迷惑な相談もない。会えば本来の仕事を離れ、孫の話を聞くだけで彼女たちはハッピーになるのに、それすら不可能になってしまった。

でも、心配するほどのことはなかった。そのうち一人抜け、二人抜け、国際ペン大会に顔を出すのがたった一人になってしまったからだ。なぜ彼女だけが生き残ったのか……。国際ペンをめぐる情勢は複雑怪奇ともいえるし、同時に、それだけ人間味の強い、個人色が際だつ組織だということを証明している。

しかし、これまた不思議な縁だが、私が理事に再選できたのには、ひときわ彼女の功績大なるものがあった。これまた国際ペンのもう一つの側面である。

いいのか悪いのか、あるいはフェアーでないのか、判断に苦しむが、国際ペンの会長、理事選は実にミニ国連並みで各国の思惑が入り乱れ、ダーティーな政治色の強い選挙となる。私の場合も例外ではない。ただ、何回か選挙経験を得たおかげで、選挙の当落を決める最後の隠し手ともいえるかけひきを知ることができた。

普通、選挙は無記名投票になる。当選者と次点候補の差が一〜二票のときにこの隠し手が動きだす。たとえば改選の理事が二人の場合、三人目が次点、しかも二票差だとしよう。

開票の結果は選挙委員会が中心となって舞台裏で進められるのだが、このとき選挙委員長と会長が立ち会う。そして、当選した理事と次点候補を見比べ、国際ペン執行部の期待する人物が次点になったとき、初めて委員長と会長の意見が求められる。通常、彼らは投票権をもっているにもかかわらず行使しない。ただ、こうした微妙な事態が発生したとき、二人は独自の判断で投票する。もし一票差なら逆転、二票差なら再投票となる。

私の再選にこの隠し手が働いたのか定かではない。ただ、次点と一票差だったことはある。三人組の女王は、しばらくこの選挙委員会の委員長だった。万葉集か、古今集か、いずれにしても日本の古典が意外なところで効果を発揮したことは認めるべきだろう。

新しい動きもある。国内に三つのペン・センターを持つ小国の代表が新たな三人組を形成しつつある。EUの本部があるベルギーだ。共通なのは三人ともペン代表としては若く(といっても三十~四十代)、ワイン大好き、かつ国際ペンを改革したいという野心を持つ革新派だ。さてどうなるか、今後の楽しみである。小国ながら長い活動の歴史をもち、ペンの活動を積極的に支援するグループが国内に存在する。メンバーの一人が亡くなる直前、自分の持ち家をペンに寄贈するとの遺言を残した。

その家が、今この国のペンの活動の一つの目玉になっており「作家の家」と呼ばれている。原稿を書きたい人を対象に六カ月を上限とする滞在を認めている。新興国、あるいは亡命者などが希望する場合は滞在費の補塡などもおこなうため、希望者が多い。私も滞在したい、と少々不純な動機を隠し、冗談半ばにいったところ即座に三人組に却下されてしまった。日本ペンのように大勢の会員を有し、かつ資金も潤沢、アジアで中心的な役割を担っているようなところは資格がない、と。にべもない。

ただ、正直にいうと、国際ペンという組織は若干、時代遅れのところがある。小さな国でありながら、時に二つも三つも国内に独立したペンをもっている国がある。多民族国家だというのが大義名分だ。たとえばベルギー、スイス、オランダなどがその代表例である。極端にいえば、会員二〇名のペン・センターを国内で三つもつと、彼らはいかなる場合でも三票の投票権を確保できることになる。選挙戦で私が破れたときのこと、スイスと北欧のある代表が「彼には絶対投票するな」と大っぴらに触れ回り、落ちた途端「アメリカが彼に死のキスをした」と喜んだ。時に応じて喧嘩は買う、というのが私の主義。その発言を聞いた瞬間、私は彼のところに近づき「あなただったのか。裏で何が何でも私に投票するなって言い回ってたのは。道理でね、納得しましたよ」と皮肉たっぷりに伝えたものだ。

その翌年、運良く私は復活を果たした。当選が決まった直後、彼が近づいてきた。

「おめでとう。今回は私もあなたに一票投じましたからね。東京大会はよろしく」と逆襲を受けた。

こうした代表は残念ながら旧時代の人物で、他の人が何を言おうと、まず聞く耳を持たない。したがって大会で何らかの選挙が実施されると彼らはコーヒーブレイクの間、縦横に動き回る。根回し、票読みのためで、まさに会議は踊る。

平和をめぐり会議は踊る

国際ペンの主要事業の一つに平和会議がある。平和委員会の最大のイベントである。国際会議は毎年、各ペン・センターの持ち回りが原則となっているが、平和会議に関する限り、ここ半世紀、スロベニアのブレドで開催されてきた。ということは主催者はスロベニア・ペン、会議の議長は平和委員会の委員長、すなわちスロベニア・ペンの会長である。数ある国際会議で唯一の例外でもある。

日本は第二次世界大戦で唯一の被爆国となったこともあり、平和に関してはどこの国よりも関心が強い。そのため、この会議には日本ペンから毎年代表を送り込んできた。しかし、場所が場所だけに会議の関心はややもするとバルカン、アフリカ、あるいはパレスチナ問題に集中しがちだ。そのため、ここ数年、代表派遣を見送りがちである。ただ、私自身は隣国チェコの大学でたまたま教えていたこともあり、日本ペン代表を兼ねてほぼ毎年出席してきた。

一九八九年の旧ソ連邦崩壊後、中欧、バルカン地域の国際化は目を見張るものがあり、同時に、ＥＵの東方拡大政策も現時点で見る限り、それなりに成功している。それゆえ、定点観測するのに格好の地域であり、いつも喜んで参加していた。それにしても便利なものでプラハからの直行便だとわずか一時間二〇分でスロベニアの首都リュブリアナに到着してしまう。これが東京からだと一八時間余りかかってしまう。

このブレド平和会議は長い歴史をもち、設立は東西冷戦時代にまでさかのぼり、数々の輝かしい成果を誇ってきた。しかし、今はその目標すら見失いがちで、かつての同志がよき時代を懐かしがって集まる同窓会レベルにまで堕してしまった観がある。とはいえ、依然として強い影響力と人材ネットワークを維持していること、もちろんである。

会議は四月開催が恒例となっており、早春のブレドは観光シーズンがまさに始まろうという時期と重なる。毎年出かけているが、一見しただけではブレドの町に大きな変化は見られない。しかし、その裏ではホテルやレストランのオーナーが目まぐるしく変わっており、これもEU加盟で外資が大幅に入ってきた影響だ。この会議には亡くなった米原万理さんも二度ほど参加しているが、彼女が最も気に入ったヴィラ・ブレド・ホテルもオーナーが大手スーパーのスポルディーナに変わってしまった。もともとはチトー旧ユーゴスラビア大統領の別荘だったところだ。

チェックイン後、湖畔を一周、途中でヴィラ・ブレド・ホテルのバーに立ち寄るのが私のおきまりのコース。このときはローカルの赤ワインがグラスで八ユーロ。赤ワイン二杯とビールで締めて二〇ユーロ。前年と比較するとすごい値上がりだ。通貨変更に伴う便乗値上げに違いない。

読者の一層の理解を得るために、ここでは二〇一〇年の会議に焦点を当て、開会式から本会議までの一部始終をドキュメントタッチで報告、ブレド平和会議の流れを追ってみたい。

開会式（四月二五日）はホテルの前の湖畔に面したカジノで始まった。ブレドの市長が挨拶したのだが、出席者は総勢五〇名程度だろうか。地元の会員が大挙しての参加だから、あまりに寂しいスタートである。ただ、海外からの参加者の大半は未だ到着しておらず、ホテルにチェックインしたメンバーもジェットラグのため休養する傾向が強いからやむを得ない。翌日の昼時には大統領のスピーチが予定されており、スロベニアがこの会議にいかに熱を入れているかがわかる。それにしても例年に比べ参加者が少ないのが気になった。事実、今回の会議に登録を申し込んできたのは二四センター、そのうちパレスチナが最後の段階で出席できなくなったので都合二三センター、ほとんどのペン・センターは代表一人の参加であった。

出席者リストを分類してみると旧ユーゴスラビア関係のボスニア・ヘルツェゴビナ、クロアチア、マセドニア、セルビア、アルバニアとコソボ、主催国のスロベニア、さらに旧東欧圏のハンガリー、チェコ、ルーマニア、スロバキアなどで、まるで近隣の親戚グループの集いみたいになってしまった。地縁もなく、はるか遠いところから参加したセンターは日本ペンとウイグル・ペンだけ。しかし、その両センターとも代表は北欧、中欧からの参加で、名目上体裁を保ったに過ぎない。五〇年代から七〇年代にかけてのおもかげは見られない。

主催者もこの点は気にしていたようだ。三日間にわたる主な議題は二つに絞られた。

一つは旧ユーゴスラビア諸国がそれぞれ分離独立してから歩んできた道を「自由への歩

み と民主主義」の観点から、関係あるペン・センターが総括、次いでＥＵのメンバーになるための展望に関し議論が交わされた。

もう一つのテーマは、東西冷戦後の新しい役割として、世界の誰もが懸念している「イスラエルとパレスチナの平和構築」に焦点を当てることになった。このテーマに落ち着いたのは、ポルトガル、スイスなどのペンが中心となり、国際ペン主導の下に「チューリッヒ作業グループ」という永続的委員会の設置を提唱したことにある。それは和平交渉、人権擁護運動に熱心なイスラエルの作家、サミー・ミハエルを招聘したことにも現れている。ただ、公式議論を開始する前に、イスラエル・パレスチナ両サイドが、他のペン・センターを巻き込んで中傷合戦を始めてしまい、結果としてパレスチナ代表が国境で足止めをくらうことになり、まともかつ公正な議論ができなくなってしまった。

同じように旧ユーゴ連邦構成国、およびアルバニアとコソボは、反セルビア包囲網を作り上げることに忙しく、そのためすべての事象を単純化し、白・黒いずれかに決着させようとし、議事は大混乱に陥ってしまった。

平和委員会がこの現状を脱却しない限り、日本が義理立てをして代表を引き続き送る必要性も薄くなってきた、という結論にどうやら行き着きそうな気配だ。

とはいうものの、この会議が不毛な議論だけに終始していたわけではない。本来、ペンの会議とはペン会員が一緒に集まって語らうのが自然の姿であるはず。ここでは、そうした雰囲気がまだ維持されており、会員が自分の作品を持ちあい、夜を徹して発表しあう姿を見るのは実にすがすがしい光景だ。

前夜祭で、五人のスロベニア女性が詩の朗読会をおこなったが、実に楽しそうであった。出版界の不況はこの国でも同様で、一定の評価を得た彼女たちも自分の詩集を出版するのは至難の業で、結局は自費出版になってしまうという。会議二日目に行われるリュブリアナ城での詩の朗読会と音楽会は、これをさらに大がかりにしたもので、リュブリアナ市の大きなイベントとなって久しく、かつ評価が高い。私が初めてこの会議に出席したとき、分科会で話をする機会を得たが、大学生の生き生きとした顔、好奇心に満ちた目が鮮明な記憶として残っている。

午後八時半から始まったこのホテルでの文学セッション・詩の朗読会にも参加してみた。長年にわたる伝統の朗読会で、ここで自分の作品を読み上げるのを楽しみにしているスロベニア詩人も多い。ほとんどが馴染みのメンバーで、この会が永続している理由の一つがよく理解でき納得した。どんな人でもペンの会員である限り、飛び込みで自分の詩を四～

五編朗読することが認められており、それに海外からの代表や一般会員が加わるので大変盛り上がる。

ハンガリーで生活しているエリザベスという詩人はは亡くなったご主人がBBC（イギリス放送協会）のジャーナリストだったからだろうが、チベット問題が最大の関心事とかで、いくつかのNGOに関係しながら、国際ペンのイベントには欠席したことがないのが自慢だ。遺族年金に頼りながら、一年中、国際ペンの催し物を追いかけ、そこで自分の詩やエッセイを発表している。

詩については、必ずハンガリー語、フランス語、そして英語の三カ国語で創作するよう務めているという。これだけ語学に才能がある人にとってみれば国際ペンは格好の活動の場であり、かつ国際ペンを真の意味で支えている会員ともいえる。日本と違い、とりわけ西欧ではペン会員というだけで評価が高く、新聞社やテレビ、ラジオがきまってインタビューを申し込んでくるのも楽しみの一つだという。

コーヒーブレイクの合間ごとに平和委員会委員長のエドバルド・コバッチが話しかけてくる。二九日の朝九時から始める平和委員会のメンバーだけによるクローズの会議での決定事項に関する根回しのためだ。要は世界を五つくらいの地域に分け、その地域の平和運動を統括するサブ・センターを選出する狙いらしい。もちろん、アジアでは日本がお目当てだ。ただ、この形も決して悪くはないが、最後の五つの地域センターを統括するのがスロベニア・ペンということに落ち着いてしまいそうで、そうなると利用されるだけであまり実質的な変化は期待できそうもない。

平和委員会の無力化

会議のハイライト、総会は朝の午前九時から始まった。正午には閉会の予定だったが延々と続き、終了したのは午後二時過ぎだった。それでも予定されたいくつかの議題（そちらのほうが日本とっては重要だったのだが）は飛ばされる始末だった。

もちろん、最大の論点は、国際ペンがイスラエル・パレスチナの平和交渉をあらためて手がけるという提案をめぐってであった。この問題はあらゆる政府、NGO、あるいは国際機関が手をつけたがる最大の関心事の一つだが、ジュネーブ協定からオスロ協議に至るまで、ほとんどの交渉は中途で破綻をきたしている。

それに対して国際ペン執行部が提起した案は、あまりにナイーブというか、無知に近い提案だった。スイス・ペンが起案したアイディアを元に、国際ペン平和委員会がイニシアティブをもち、平和交渉の橋渡しをしようという提案だった。イスラエルで永年、人権擁護運動に携わってきた作家サミー・ミハエルが中心になってイスラエル・パレスチナ双方に影響力をもつ作家を選定した後、専務理事ユージーン・ショールギンが自分の住んでいるイスタンブールに招聘、極秘かつ非公式の会合を何度かおこない、最後にアメリカの新大統領バラク・オバマ元米大統領（在任二〇〇九～二〇一七）に指導力を発揮するよう訴えるというのがその骨子であった。

しかも付帯条件がふるっていた。政治家、あるいは政治色のある作家は一切入れないこと、アメリカの関与も当面は忌避すること、情報が外部に漏れないよう通信、会議を含め、メンバーの連絡はすべて口頭による伝達だけとする、等々。一切の作戦を管理、統括するシェルパさえおらず、かつ活動を支える資金にさえ事欠く国際ペンにいったい何ができるというのだろうか。平和会議をあくまでこの地、ブレドで開催し続けるための悪あがきにしか見えなかった。

この人たちの議論を聞いていると、世界の情勢にまったく疎く、延々と不毛の議論をし続け、聞いているだけで啞然としてしまう。あまりにばかばかしく真剣に耳を傾ける気さえ起こらない。それでも全員が執行部の提案を熱狂的に支持した上、さらにモーラル・サポートを声高に全員に訴える始末だった。提案に賛同せず、挙手をしなかったのは私だけにとどまった。

それでも希望は捨てず

翌年開催された国際ペン大会では、この件に関して一切報告がなかった。この仲介の中心役だったショールギン国際ペン専務理事にコーヒーブレイクの合間に事の推移を尋ねた。しかし、明確な返事はなく、結局、パレスチナ・イスラエル双方からの不信感だけが増幅され、仲介は無残にも流れてしまったという。こうした頭でっかち、かつ空想的アプローチを実施しようとすること自体、国際ペンがある意味で空洞化しつつあることを証明している。

平和委員会は獄中作家委員会と並び、長いこと国際ペン活動のなかで重要な役割を果たしてきた要の事業である。同時に国際ペンの認知度、評価が世界的に高まったのも彼らの活動によるところ大だ。

東西冷戦下、旧ユーゴスラビア社会主義連邦共和国の一部を構成したスロベニアのブレドで営々と開催され、そのたびに文学者を通じた相互理解、東西融和が進展してきたこともまぎれもない事実である。しかし、その成果が上がれば上がるほど、主催者であるスロベニア・ペンは次第にマンネリに陥っていく。極端にいえば、過去を踏襲するだけで毎年の会議の成功が約束されていたからだ。

その結果、ブレドの平和会議はスロベニアで国家的事業といわれるまで重要視され、開会式にはきまって大統領が出席、歓迎会も大統領公邸で開催されるようになった。その過去の栄光に冷や水をかけるきっかけとなったのが旧ソ連、およびその衛星国の崩壊であった。以来、平和委員会は過去の歴史のなかに次第に埋没していく。それが現状だといってもいいだろう。

しかし、世界政治の冷酷な事実を平和会議は象徴的に世界にさらしてきた。それは、宗教という隠れ蓑のなかで、度し難いほどの人間不信が世界を支配しているという事実である。その最たるものがパレスチナ・イスラエル紛争だ。

極端なことをいえば、この問題の抜本的解決なくして世界の恒久平和は決して実現されまい。その意味で国際ペンは世界の現実を映し出す鏡である。それゆえ、なんとかこの平和委員会を再活性化すべく多くの改善案を提案してきた。しかし、過去の栄光にどっぷり浸った彼らには馬耳東風だった。

くどいようだが、この委員会を日本ペンが肩代わり、あるいは少なくともスロベニア・ペンと共催するくらいのことはできないだろうか。前の戦争をめぐる歴史解釈で韓国、中国など周辺国家といまだに和解できない国でとんでもないという議論が一方にある。しかし、そうした歴史解釈に真正面から取り組んでいるドイツ、ロシア、あるいはポーランドなどのペンを巻き込む方法もある。いっそう広い世界的視野に立脚して中国、韓国をも巻き込む努力は必要だろう。ブレドと日本、隔年持ち寄りでもいい。なんとか実現してほしいと思う。

会議を開催する経費もたかが知れている。年に四～五百万円程度ですむ話である。日本ペンの肩代わりをしてくれる財団、地方公共団体はないのだろうか。素朴な願いである。

晩年を迎えた人生に花を添えてくれた国際ペンゆえに、つたない英語で自ら発信し、言論の自由と作家の相互理解促進に微力ながら努めてきた。振りかえってみれば、つたない情報力と英語力を鍛えるのに最高の場所であった。

追記。

その後各方面に働きかけた結果、スロベニア・ペンは二〇一八年から一九年度にかけて広島・長崎平和記念資料館の支援を得て「世界平和実現のための一歩」として被爆の実相を伝える展示会を開催することが決定した。二〇一八年六月には全国各地をめぐる巡回展がブレドの平和会議と平行して実施され、二〇一九年四月には更に国立歴史博物館での大規模展示会が予定されている。文学が平和にどう取り組んでいくのか、新しい展開を期待したい。

第5章

応用編

英語で原稿を書くための基本心得

かつて『*Japan Times Weekly*』の編集顧問を二年ほど仰せつかったことがある。東京女学館の渋沢雅英理事長や日本通のカロル・ウォルフェレン（現アムステルダム大学教授）、元USTR次席のグレン・フクシマなど、そうそうたる論客と一緒だったが、なぜかその末席を汚すことになった。

紙面を見て注文をつければいいだけと思ったのだが、実態はまったく違った。少なくとも二カ月に一回は英語で時局に合ったエッセイを書き、紙面を飾るのが義務であった。冒頭に挙げた人たちは、日本語はもちろんのこと英語も超一級の使い手で、むしろ二つの言葉を母国語同様に使いこなしている人たちだった。渋沢理事長はオックスフォード大学で教育を受けたくらいだから、彼の前で英語を話すときは立ちすくむしかなかった。

それからは毎日が地獄だった。寝てもさめても英語でエッセイのネタになる話を探した。ネタはその気になれば結構周辺に転がっていた。しかし、いざそれを英語で書くとなると勝手が違った。文章の出だしが日本語とまったく違うことにまず気づかされた。一つのエッセイでは書くことが限られるので、あれもこれもと欲張ると文章がクリアでなくなってしまうことにも遅まきながら気づいた。改めて欧米の新聞記事が鋭角的、かつ確信犯的論評をする理由を理解できるようになったのもそのおかげだった。

日本では高く評価される「知識人の常識」というのもまったく効き目を持たなかった。いわゆる百科全書的、あるいは博識をひけらかすような文体は最初に削除された。シドニー大学で小論文を何十本と書く訓練を受けたはずなのに、それさえ通用しなかった。論文形式とジャーナリスティックな文体はまったく相容れないとさえいわれた。

一ページの文章を書くのに毎日苦闘した。それでもなんとか書き上げ、当時のマイク・ミラード編集長に送ると即座に差し戻された。文章がなっていないという。でも、「どうなっていないのか」、それすらわからない。彼の元に少なくとも二〜三回通って添削を受けた。

そのうち、彼は一冊の本（William Strunk, Jr. & E. B. White, *The Elements of Style*, Macmillan Company）を貸してくれた。アメリカでジャーナリストになろうという人なら必ず目を通すベーシックな本だという。

こうした手取り、足取りの指導を受けたおかげだろう。原稿を書くのが徐々に楽しみになってきた。同時に書く前の事前調査に時間とお金をかけるようになった。何のことはない。Job on the trainingを知らず知らずのうちに実践していたのだ。

記事を書くにあたって留意すべき七つのポイント

これから記す二項目にわたる留意点は、マイク・ミラード編集長と何度も話しあい議論を重ねた結果を、私がメモとして残したポイントである。少しでも役立てばと願い、ここで改めて書き出してみた。

1 Feature article is completely different form, which is a sort of Architecture. You shouldn't offer your own opinion.

これはいちばん重要なポイントで、建築と同じような考え方をすればいい。家なら設計図どおりに建てなければ満足のいく家は建たない。途中で勝手に変更し、設計図と違う家を建てるのはまず不可能である。文章でいえば自分の意見を差し挟んではいけない。この点、スピーチ原稿とは大いに異なる。

2　You begin with anecdote. Always, you have to do with some stories.
ストーリーに次ぐストーリーを書き続けるのがよさそうだが、そう簡単ではない。それゆえ、大小二つくらいanecdoteを文章のなかに入れる。

3　Explain why the article is interesting.
なぜ、そのテーマに関心をもったか、その背景を記述することで読者の理解がよりいっそう深まってくる。

4　How they become interested?
Institutional history or background story has to be attached.
同時に、そのテーマに関連した人物、組織の歴史的背景にも言及しておく。記事に社会性を持たせる意味も含まれている。

5　How do they stay interested?
読者の関心を引き続けるための細工。だから小さな挿話が必要になってくる。

6　What can you do for future?

Conclusion with future perspective.

未来に対する展望を書き添える。たいていの場合、これで記事を完結することができる。

7　Solid logical reasoning is a must.

全体の文章を通じて、はっきりした論理が貫かれているか、もう一度チェックすることが肝要である。

最後に、まとめとして次の言葉を読者に贈って終わりたい。

Make it sure that you just behave like solicitor or architect.

評論（コメンタリー）、コラムを書くにあたっての留意点

1　It is perfectly free to express your own opinion.

特別記事と違い、自分の意見をここでは自由に述べることが肝要。

2　But, stick to the theory "one idea for one article".
しかし、通常は一つの原稿に一つの意見、ないしは主張が原則と心得るべし。

3　Make it sure to develop the idea fully.
アイデアはできる限り展開、発展させること。

4　Make your character distinctive for readers. So, readers could identify who you are.
どんな書き手なのか、読者に明確にわかるような特徴をもつこと。

5　Uncle type of approach or satire is necessary.
「叔父さんというイメージを想像してください」と聞かれれば、誰もがダンディで軽妙、ウィッティな人と答えるはずだ。ものを書くときの姿勢は常にこうありたい。

6　Have your own style and character.
自分のスタイルと特徴を確立せよ。それが、やがて特定の読者層を引きつけることになる。別のいい方をすれば次のように置き換えることもできよう。つまり、読者にどんなふうに見られたいのか、同時に自分が何を発言しようとしているのか、常に意識することだ。

7 How do you want to be seen by readers?

Be aware what you are doing.

以上のことをすべて念頭に入れて原稿を書いても、時にマンネリに陥る。だから少なくとも五つくらい、違った目線、あるいは書き手の特徴を用意しておくことだ。私の場合なら、時に昆虫少年だし、時に革命にあこがれた左翼であり、また教育者や人類学者であったりする。

これ以外にもいろいろなポイントがあったはずだが明確には思い出せない。しかし、要は一点に尽きる。内容とスタイルがともにcreativeであることだ。それさえできれば鬼に金棒といえる。参考までに今まで書いた原稿の中から、いくつかを参考のために紹介しておく。恥をしのびつつ……

Barbie and Rika: bridging two cultures?

Initially, retailers' responses were disappointing. 'She looks like a window display mannequin with no warm blood,' said one. Another declared: Her facial features discourage buyers!'

A New and very serious research group called the Japan International Toy and Doll Research Association has been studying Japanese and American cultures through children's playthings.

Recently, the group organized a workshop specially to talk about the cultural values of the American doll Barbie and the Japanese doll Rika chan. More than 60 participants shared their thoughts on the matter housewives, professors, psychologists, sculptors and artisans among them.

A male journalist was there, too, and he kept talking, believe it or not, about the size of both dolls' breasts, claiming that Rika chan's chest has grown of late, in what seems to be a sort of marketing strategy.

One of the panelists was Futaba Nakamura, a keen collector of Barbie dolls, who confessed half jokingly that she hadn't noticed the physical change, even though she has also collected every model of Rika chan since she strolled into the Japanese marketplace a few years ago.

Rika chan, of course, is a sort of byproduct, a duplication of hybrid of Barbie, the most popular doll to take over America. Takara Toy Co., one of the Japan's biggest toy makers, had an instinctive feeling that a doll just like Barbie would have some impact with children here.

"This is the item we have been looking for," a company spokesman declared. A contract to produce Rika chan was signed, and soon she was introduced on this side of the Pacific.

Initially, retailers' responses were disappointing. "She looks like a window display mannequin with no warm blood," said one. Another declared: "Her facial features discourage buyers because of the narrow bridge between her eyes."

Other retailers said that Barbie was better because she was "so well proportioned," and had longer legs, too.

Takara then conducted a market survey based on the consumer's image of Rika chan. It tried to follow Mattel's pattern with Barbie to sell a doll, and then create a fashion world around her. In any case, Mattel's strategy was not simply to sell a doll, but to shrewdly introduce a new teen-age "friend." The message of its campaign: "Girls can do anything …Right. Barbie?"

With the advance of technology, telecommunication systems have been born, and all have tended to facilitate globalization. Culture is not exception. It now crosses ethnic borders more than at any other time in history, to which Barbie bears witness. Her Japanese cousin has since grown to be popular here, too.

She is the second daughter of the Kayama family, and, consequently, other characters have sprung up around her a French father how is a professional musician, and a fashion designer mother, Rika also has an older sister who travels the world as a flight attendant, twins younger sisters, triplet brothers and sisters, and a 100 year old grandmother! Hers is a trendy Japanese family indeed!

Here lies the secret of Rika chan's popularity: Her life revolves around her family. And family is the key when attracting Japanese teen-agers. Consequently, Rika chan must stay cute, charming and cuddly, and that, perhaps, is why the journalist keeps questioning her expanding bustling.

Takara says Rika chan is supposed to be a fifth grade schoolgirl!

When I look at Barbie, who has long been cherished and cuddled by my daughter, a sixth grade. I envisage an embarrassing scene. Just imagine if it were left to me to undress her! Barbie, that durable idol of American teens, is now 33 years old, and the older she gets, the cuter she becomes, with a sparkle in her lovely eyes. In time, it now seems Rika chan will grow up too.

これは私の専門分野、人類学的見地から書いたエッセイである。とりたてて難しい言葉は使っていない。しかし、自分が思っていることは、限られたスペースのなかにすべて入れ込んだつもりだ。とりたてて文章がうまいとか、下手という次元を離れ、いいたいことを表現するよう心がけた（ちなみにバービーはすでに七〇歳台に突入しているはずだ）。

The universal chant of the cab drivers

A cab driver Manhattan kept giggling all the way from my hotel to Newark Airport. “Only in New York,” he was saying. I wondered what this meant, somewhat nervously, as his strong accent, reflecting the rich African - American culture, increased my anxiety. He then changed his tone just as we were approaching the airport. “Hey, man. You owe me 3 dollars,” he said.

“Why?”

“You know why the doorman at your hotel put your garment bag on the front seat?”

"Of course. Because it is carryable. Why bother opening the trunk?"

My reply seemed to spark his desire to tell his story. Each time he turned his face back in order to express himself to me, my heart leapt. I didn't want to be involved in any trouble at the last minute before I got out of New York, a frightening city riddled by crime, I murmured to myself, but what he told me exceeded my imagination.

My cab driver continued: The doorman had bargained with drivers, saying that he had a long distance client heading for Newark Airport, and asked 4 dollars as a kickback. My driver made a deal, but threw in only 3 dollars instead. The doorman was unable to argue too long, because his actions could lead to losing his job if the hotel manager got wise to his behavior. So the deal had to be done quickly as possible in a hidden place: the front seat.

No wonder the doorman had negotiated several times with other cab drivers through the front window before he selected this driver. All of them had driven off, somewhat indignantly, I thought.

To my instinctive judgement, it seemed even my cab driver was taking advantage of having stranger from out of town as his client. He must have thought that I was only visiting New York, and was vulnerable. Even this giggling was a part of his game, which, in fact, affected me psychologically. He, of course, charged 3 dollars in addition to my metered bill. He won the game.

The life of a cab driver must be tough anywhere in the world. The nature of the business is competitive, cut throat and dangerous. As frequent traveler, the typical gambits I have experienced form cabbies are the intentional detour, manipulation of the taxi meter and extra rebate money for peak hours.

In New York, the average cab driver has to work 12 hours daily for five consecutive weekdays on a shift basis just to make ends meet. Taxi companies generally charge drivers between 75 dollars and 100 dollars per day as a charter fee, depending on the business climate, so average net weekly earnings are somewhere between 250 dollars and 400 dollars.

Some drivers, however, have good luck.

A driver I met in Kansas could not forget a once-in-a-lifetime happening. A sultan from Malaysia who came to the United States for heart surgery chartered a few cabs for his aide and servants. This driver was one of them, and in a week he earned nearly 5000 dollars.

Almost every cab driver I had talked to in New York was frustrated. There are so many complaints. Pedestrians cross the street anywhere, roaming all over the place, and are argumentative and obnoxious. The infrastructure has deteriorated because of long negligence, and subsequent construction to mend it goes on all year around, blocking the streets. Policemen, gangs, racketeers and accidents provide constant irritations.

Compared with the situation in New York, I was convinced that being a cabbie in Tokyo must be far easier. This is what I tended to believe, until I came home recently to Narita Airport. The airport was packed with young Japanese, mainly Old. The young women had just returned from overseas, utilizing the long weekend for autumnal equinox holidays. The crowd was overwhelming. I wanted to get out of there and head home as soon as possible, so I caught an airport taxi. I knew how notorious airport taxi drivers were, speeding manically on the turn pike, but I decided to give it a go.

Our cruising speed was about 140 kph, and sometimes, the cabbie tailed the car in front almost bumper to bumper, a technique to scare the motorist and to open the passing lane. Just before I got out of the cab, I was tempted to give him an extra tip to satisfy my curiosity. He told me his story: Because of the contract between the company he works for and the Narita Airport Authority, the airport was the only place he could pick up passengers, and therefore his income depended on whether he managed to make an extra trip while he was on shift or not. That was why he had to make a white - knuckled effort speeding on the highway to save minutes.

He continued to complain. Even though he was qualified to apply for his own independent medallion to run his own cab after piling up 10 years' experience as a cab driver, he was unable to do so. One of the requisite conditions he needed to satisfy was to secure a permanent parking depot for his cab in Tokyo.

Unfortunately, because high land prices in Tokyo, the rent for parking space per month was about 100,000 yen, which was beyond his capacity.

Well, a different story compared to the New York cab driver, where an independent medallion costs at least 125,000 dollars. It seems that you can find the fundamental and structural problems of societies in the cab business. The chant of complaint continues.

これも前のエッセイと書くスタイルは似ている。アメリカのタクシー運転手と日本のそれとを対比し、そのいずれもが構造的問題に直面していることを指摘した。同時にそうした環境のなかで少しでも多く稼ごうと知恵を絞る運転手の生きざまを活写したつもりである。

スピーチを実践してみよう

英語のスピーチ原稿、それも相手に強いインパクトを与えるものを書くのは至難の業である。もちろん、能力の限られた私という人物の経験に照らしあわせ考えだされたものゆえ、文法的にも間違いが多く、これで良いといっているわけではない。人の考え方、またその伝達手法もそれぞれである。百人いれば百の形態があっていい。ただ、そうしたさまざまな手法が存在しても間違いなくいえることは、広範囲なスキル、知識を総動員しないと説得力のあるスピーチを作ることはできない。

それに非英語圏で生まれ育った我々にしては、どうしても恥ずかしくない英語をと思いがちで、ゆえに最後の段階で翻訳の専門家に外注することになりがちだ。いわゆるネイティブに頼ってしまう。その意味で、ここでも、そうしたケースを想定し、スピーチの組み立ての構図を自分なりの経験を中心にありのままに書いてみたい。

その最初の手順だが、まずは日本語で素案を書くことを前提とする（初めから英語で考え、構成を練っていくこともあるが、それはこの本の範疇外だろうと思うので割愛した）。ただ、その段階でも、少なくとも頭の中では英語に転換する作業がおこなわれているはずだ。日本語の素案のなかに括弧書きで英語を挿入しておくのもいいだろう。

日本の大学は長いこと、京都大学、東京大学を頂点とするピラミッド型の序列によって支配されてきた。だから有能な研究者もまた、そこに集中した。こうした過程からだろうか、二つの大学では特殊なカードによるメモ方式が発展していく。いわずと知れた京大式と東大式である。

京都のほうが一回り大きい。B6型で一〇行の罫線が入っている。私は英語のスピーチを書くときは、もっぱらこれを使う。カードにはスピーチの要点を書き込んでいく。ただし、一点につき一枚だ。こうしておくとカルタ方式で時間の調整が可能だからだ。たとえば一時間のスピーチなら二〇枚くらい用意する。一つのポイントに三分ほどの時間配分となる。

人間の能力は頭脳も肉体も基本的には同じだと私は思っているので、全力投球できるのはせいぜい三分が限度。ボクシングを見ればよくわかる。一ラウンド三分、世界共通である。あのスポーツはハングリースポーツの最たるものといわれてきたが、それほど過酷なのだ。素人がシャドーボクシングで三分間、頭のなかでファイトする相手を想定し、その形を考えながら休まず体を動かすことはできない。一分で息があがってしまう。

スピーチもそれと同じで、しかも異国語を使うとなるとなおさらだ。これだけ用意しても、時にはメモ用紙一枚で一分しかもたないことさえある。反面、興に乗ると三分どころか五分でも言い足りないことも出てくる。ここにスピーチの醍醐味がある。予定外の話に脱線したり、飛躍してしまったり。そこにまた、聞くほうは惹かれるのだ。時間がなければ何枚かをすっ飛ばし結論に入ればいい。それがまた余韻を残し、「もっと聞きたいことがある」と聞き手が講演後に押し寄せてくることもある。

カードに記入するのは、この応用編で紹介する日本語と英語が併記されている部分である。できれば日本語と英語を両方とも書いておく。あがってしまうとカード上に書かれた英語でさえ読めなくなる。

次いで注意するべきことは、素案作成中も、説得力があり、かつパワーのある英語の専門用語を考えながら作業を進めることだ。運良くこれはと思う言葉や表現を思いついたら、随所にそれを書き込んでおく。そうすると後の作業がしやすい。また翻訳を外注に出す場合にも、翻訳者に自分の意思や考え方のスタイルを伝えることができ、本人の意向に沿った翻訳をしてくれるはずである。

日本で超一流といわれる通訳者（故横田謙氏）がマーガレット・サッチャー英首相（当時）と竹下登首相（当時）との対談を通訳したことがある。サッチャーさんが「日本はけしからん。イギリスのスコッチ・ウィスキーに高い関税を課し、国産ウィスキーを保護している」と、口調はやんわりだったが明らかに日本政府の政策を批判したときだ。竹下首相は即座にこういって弁解した。

「いや、誤解されているのですね。日本にはウィスキーと呼ばれるお酒が三種類あります。ウィスキー、ウススキー、ウソツキーです」

私は聞いていて息を呑んだ。いったいどうやって英語にするのかと通訳者の顔を見た。彼は平然とし、笑いながら即座にこう表現した。

一つ目のウィスキーを「Scotch Whisky」とするのは当然だが、残りを、「Whisky with water」「Whisky without scotch」と訳したのだった。以来、どんな言葉も英語で表現できるのだと私は信じるようになった。

英語を母国語とするアメリカ大統領をはじめ、いずれの国の政府首脳にもプロのスピーチ・ライターがつく所以である。

もう一つ重要なポイントは、文章全体を英語にしないことだ。言うは易し、だが、いざ実行するとなると難しい。大半の人はいまだにこのアドバイスをまともに聞いてくれない。「いや、それは堀さんだからできることで、冗談でしょう」。

「ポイントは専門領域だからなんとか表現できるのです。でもタイミングとか、つなぎができない、それを教えてほしいのです」。こういって反論してくる。

もっともなことだ。でも、これを経験して初めて人はスピーチのすばらしさを、そしてまた知的活動の刺激を楽しむことができる。

スピーチをする段になると、今でも私の心臓は高鳴り始める。口は乾き、喉の動悸はおさまらない。話し始めると声が震えている。しかし、この状態はいつまでも変わらないだろうと思っている。それでいいのではないか。

人が評価するかどうかより、自分が全力を尽くしたかどうか、それがスピーチの真髄であるはずだ。万雷の拍手を背に壇上を下りるのと、ブーイングや罵声を浴びながら会場を去るのと、いったいどれほどの違いがあるというのか。

ということで、カードとカードをつなぐ言葉は英語にしないことだ。その場で思いついた言葉を使う。そこにあなたが日頃見せなかった、人間の最も魅力ある部分が出てくるはずだ。聴衆もまた、その言葉を聞きたがっているし、期待もする。

スピーチ原稿の作成過程を検証する

学生時代、旧ソ連の衛星国だった東欧や国際共産主義運動について少々のめり込んだ。中学校時代には昆虫採集に熱中し、チェコスロバキアの学者と標本を交換、そのおかげでチェコスロバキアは私にとって外国へ開いた唯一の窓となった。こうした小さな縁が一つひとつ積み重なり、やがて晩年に至り、再びこの地域に特化する仕事にのめり込むとは夢想だにしなかった。

日本とは距離だけにとどまらず、経済、文化的にも限定的、かつ疎遠な関係だったが、今や日本の代表的企業であるソニーや東レ、ダイキンなどが工場進出する時代になり、チェコの大学では日本語を教えることが当たり前になった。まさに隔世の感がある。

ところで「そこまで深くのめり込むようになった遠因は」と問われれば、たった一本の英語によるスピーチに帰結するのだから、これまた不思議な縁である。チェコスロバキアが旧ソ連から解放されてから五年、ようやく社会が人心とともに落ち着き始めたときであった。日本で唯一、東欧支援に関するもろもろの事業を展開し始めていたNGO、中欧基金（その後解散されてしまうが）の木幡耕太郎主任研究員から講演会の話が持ち込まれたのが発端だ。

東欧から中欧へと呼び名を変えたチェコスロバキアが、これから再びヨーロッパで中心的役割を果たすという意気込みを示しているので、日本の対アジア、アメリカ関係について話してほしいという要望であった。中学時代、あれほどまでに想いを馳せたチェコスロバキアからだ。さすがに緊張した。いや、興奮した。子供時代から唯一身近に感じる外国であったし、しかもその国から単なる観光客としてではなく、スピーカーとして招待されたのだ。

何度も書いたが、英語でスピーチをする場合、私は完全な文章は書かないことにしている。重要なさわりだけをメモ書きし、後はアドリブで文章をつなげながら完成させていく。

しかし、このときだけは伝統的というか、日本的手法に従った。一字一句をワープロに打ち込んでいった。つたない英語力だが一生懸命打ち込んだ。それが幸いし、そのフルテキストが手元に残った。

今読むと、「こんな程度の英語でよくもまあ図々しく人様の前で話したものよ」と我ながら呆れてしまう。しかし同時に、この程度の英語で聴衆に自分の熱き思いを伝えることができたという満足感も少なからずある。「なんだ、この程度なら俺（私）のほうがましだ」と、読者も改めて納得するに違いない。

確かに文章は文体を含め、いたって簡単、明瞭である。二〜三の難しい言葉を除けば高校の教科書程度、あるいはそれ以下だろう。つまり誰でも書けるレベルだということだ。

書いてからすでに一五年近くが経っており、取り上げた事例や関係者の名前も少々古くなっている。しかし、書いたときの情熱、あるいはその後の国際関係については今も新鮮さを失っていないと自負している。自分の無知をさらけだすのを覚悟の上で、公開することにした。これを読んで読者がいっそう自信をもっていただければ嬉しい。

言い訳がましいが、もう一言。このスピーチ原稿はあくまで下書きである。ネイティブでないため、難しい表現はできるだけ避け、かつ使用する単語もなるべく発音しやすいものを選んだ。それでも同じ言葉が頻繁に出てくるのは稚拙以外のなにものでもない。今だから言えるのだが。

なお、参考のため必要に応じて解説を入れた。

タイトル（演題）：Japan's position in the world and the Far East

西欧の仲間入りを果たした東欧ゆえ、敗戦後目覚ましい経済発展を遂げた日本モデルを勉強したいという声は強く、同じようなテーマで講演してほしいという要望が、その後ポーランド、ハンガリーなどからも相次いだ。

外交評議会の代表だったバシャリョーバ女史はチェコスロバキアで最も名の知れた女優であった。その彼女がハヴェル大統領とともにソ連からの解放を広く国民に訴え、それが彼女を政治的に目覚めさせる遠因となった。以来、彼女はアメリカの外交評議会をモデルにした財団を設立。その後、大統領選に出馬したり、オーストリア大使、ポーランド大使などを歴任、政治の分野でも大いに活躍している。列強に周辺を囲まれた国家だからこそ外交の重要性を国民に認識させること、それが彼女を突き動かすエネルギーとなっている。

Mrs. Vasaryova, distinguished guests, ladies and gentlemen.

It is my great pleasure and honor to have been given this opportunity to visit the Republic of Slovakia, which has made a bright start as a new nation. Several times each year, I was given the opportunity to speak before an assembly of distinguished people, but this occasion is especially meaningful for me.

Before I begin, I would like to touch on a personal matter, if you don't mind, because your country is very special to me. This is I dare to say, the main principal reason I accepted your kind invitation.

英語でanecdoteと呼ばれるもので、普通は二つくらい用意しておく。今回はエッセイや論文などによって、文章を書く技法そのものが大幅に違ってくるので本格的に立ち入ることは避けた。ただ、そのさわりについてはいくつかの例題を後述する。

海外での授業や講演が増えるにつれて、欧米の新聞から時に原稿依頼がくるようになった。そのとき、きまって彼らはこう念押ししてくる。自分の体験にもとづくanecdoteを忘れないでほしいと。それもできれば二つくらいほしい。彼らがこう強調するのはbig anecdoteとsmall anecdoteの二つを期待している証拠である。この原稿では大きな逸話を想定した。これで聴衆と話し手との間の距離がぐっと縮まる、と専門の書き手は保証する。

It was the year of 1952, when your country, together with the Republic of Czech, still formed the Republic of Czechoslovakia. In 1952, I was 12 years old. At that time, Japan was still under the control of Allied Occupation Forces led by the United States of America. There were so many American soldiers stationed across Japan.

The Japanese currency, the yen was just making its debut in the world's postwar monetary system, with an exchange rate fixed at 360 yen to one US dollar. My daily out of pocket allowance from my parents was 5 yen. The average cost of a lunch at a restaurant was about 30 yen, while it is at least 7 to 8 hundreds yen nowadays. Japan was then an extremely poor country and most Japanese had to live with the shortage of their main staple, rice.

私が中欧を訪問し始めたとき、当地の物価、生活水準はまさにこのとき、すなわち五〇年代の日本とそっくりであった。その時の事情と比較することで、世界を理解する一つの基準を彼らに提供したかった。

Incidentally, my father was a lowly ranked government official and received monthly about six thousands yen at the age of 48, which was the equivalent of less than 20 US dollars.

なかなか言いだせないものだが、もし聞き手に関心をもってもらうことに成功したら、次の疑問はきまって本人への関心に移ってくる。「この人、いったい何者だろう」と。小役人のしがない倅《せがれ》であったことに触れたのはそのためである。家族の月の生活費、子供の小遣いを知らせることで、彼ら自身の生活水準を相対化させるねらいが込められている。

However, my life at the time was very happy, mainly because I was completely engrossed in my hobby of catching and collecting butterflies and beetles and free from the responsibility of making a daily living. I was so determined to become a professional entomologist in the future. Fortunately, I was able to make contact with a famous Japanese entomologist, who told me that, if I could ever become a member of the Lepidopterist Society in New York, I would be able to exchange information and specimens with all the entomologists of the world.

To become a member, you had to pay an annual membership fee of 2 dollars and 40 cents. I found it impossible to obtain the 2 dollars and 40 cents, no matter what connections I had with foreign countries. Conversion of yen into dollars was not officially permitted in Japan at that time.

After many desperate efforts, the first foreign entomologist I came into contact with was Mr. Christian Pospicil, a well know collector of beetles and butterflies in Czechoslovakia. Thanks to Mr. Pospicil, your country became special to me as the only country I was personally in touch with, until I became a university student. At each Christmas time Mr. Posipicil sent me photographs of the snow-clad Tatra Mountains with a small present. Some of them were your traditional tablecloths.

さらに自分のキャリアの素地をつくった昆虫少年時代に触れる。これが運命ともいえるし、人の縁ともいえるのだが、チェコスロバキアとの出会いをつくるきっかけとなった。この出会いを強調することで聴衆との間の距離感を縮め、親近感をかもし出す。

When I received the invitation from Slovak Foreign Policy Association, all of sudden I had a time trip and remembered the book which Mr. Pospicil gave me as a Christmas present. I searched every corner of my bookshelves and found the book called SLUK.

Well, I don't need to go further, everyone here would tell me what kind of book means to all of you. So in my mind, your country became my second native country in a real sense.

これも前置きの文章の延長である。このとき、私は自分の土俵に聴衆を引きずり込むことを最優先させた。となれば我が土壌に引っ張り込むしかない。自分の近況からスタートし、急転直下核心に入っていく、その手法を取った。日本と東欧の違い、話し手とスロバキアの意外とも思える出会い、それでいて誰もがもっている共通した原体験を話の中にちりばめた。

たとえば日本人には馴染みがないが、SLUK《スルック》と聞いただけでスロバキア人は誰もが「おやっ」と思うと同時に一種の民族的郷愁を抱くはずだ。強大な権力を握ったスターリンは、ソ連邦の支配下に置いた周辺の衛星国に対し、一時期、民族の自立と誇りをもたせるべく文化振興に特別の力を入れた。スルックはスロバキア人なら誰もが誇りにする伝統的舞踏ダンスである。出席者の大半が外交官、政治家あるいは学者であったことから暗黒のスターリン時代にもちょっと触れたのだった。もちろん、天国と地獄を対比し、現在の解放された市民社会のすばらしさを祝福するねらいが込められている。

Now, I should talk about my main subject, Japan's position in the world and Asia before going over to what international relations Japan is trying to build.

I will touch on certain significant developments in the world briefly which, I believe, will have a great influence on the development of Japan's external relations.

When we consider Japan external relations, all of us will certainly agree that the Japan US relationship is the most important and maybe the single most important factor. To us Japanese, the Japan US relationship is as vitally important as the relationship between Slovakia and the European Union is to you. Following the US, we are deeply concerned with what the future course of China will be, just as you are watching where Germany and Russia are going.

No doubt, China will become a powerful nation both economically and militarily. Yet China is expected to be challenged by such domestic problems as conflicts between different ethnic groups and among different military factions and China will try to protect its national unity. Despite these domestic difficulties, I believe China will mange to preserve its unity and will not become another Soviet Union, which was disbanded.

I say this because the overseas Chinese who have been living in other nations for generations are beginning to resume contact with China, from where their forefathers came. Generally speaking, these overseas Chinese are successful businessmen, entrepreneurs and commercial leaders in their second home countries.

These shrewd and sensitive investors are now investing their capital, technologies and management know-how in China. Is this evident of inward, rather than outward, force acting on China?

The substantial and massive in flow of capital and technology initiated by overseas Chinese has already gone well beyond the Rubicon River. This is why I think that China has to make the utmost effort to remain unified at any cost and this should be ensured. Also, we should bear in mind that capital is a most sensitive and timid creature.

The combination of economically expanding China and the overseas Chinese who are active in other parts of Asia and in other countries will be a vast force affecting not only Japan but also the United States. The Chinese people both inside and outside China will probably change the world's balance of power eventually. However, I hope that all of you don't make any hasty conclusion that China will be a threat to the United States and rest of the world. Rather, China is quite likely to play a conciliatory role in general by coordinating with the other Asian countries.

いよいよ本題である。ここでは中国とアメリカがキーであることを強調しながら日本の立場を解説した。もちろん、私自身の対アメリカ感も随所にはめ込んだ。講演会が終わったとき、何人かの人から「アメリカに対してはかなり批判的ですね」と指摘された。そのとおりである。自分としては、なんとしてもそれを強調したかった。

しかし、一〇年経って見るとそのプラス、マイナスがよりいっそう鮮明に見えてきた。ハンガリー、チェコ、ポーランド、スロバキア四カ国から学んだことだが、「Mr. Hori は radical な人で、反米主義者である」という評価がこの地域で定着したからだ。

評判自体はそれほど気にしていない。指摘された場合も「いや、むしろ真の友人としてアメリカには物申す立場を貫いている。彼らは極端なほど自己中心的で、他人の言うことには耳を傾けない。だからこそ言い続ける必要がある。それは私の信念であって、決して反米主義であるわけではない」と説いているが、いったん定着してしまったイメージはなかなか修正できないものだ。情報の恐ろしいところである。

しかし、私としてはねらいの一つでもあったので使命は遂行されたといえる。

I will add just briefly that there is another country, which is nearly as huge and populous as China: that is India. I think that India, too, in a long run, will become a country with a great influence on the world's balance of power. But, this doesn't necessarily mean the stabilization of Asia, of course. Asia has long been claimed as the most stagnant region economically under the pretext of the Asiatic mode of production.

In addition to the development of potentially powerful China and India, we should not overlook the increasing conflicts between different ethnic groups in the Balkans, Russia, and the Arab world. How should we deal with these local conflicts is a question posed not only to Japan but also to the world?

Before the breakout of war between Iraq and Kuwait, Japan didn't pay much attention to these areas as much as she did towards Asia. Asia was the vital umbilical cord for the survival of Japan, but since then, the world itself become essential for Japan.

Thus her geographical proximity has become less important. This is the most epoch making historical development which has taken place in Japan.

The world must somehow find an answer to this question, because these small and locally confined wars could possibly disrupt the orderly distribution systems of world energy and mineral resources and in the end may undermine the most fundamental basis of human life. In other words, Japan has to assure share of the responsibility of finding out a solution to how best to enhance human dignity and spiritual development or even the very welfare of human beings worldwide.

Nobody has ever raised openly these questions such as the quality of individual life in Japan. Every developing country wants to catch up to industrialized countries such Europe, United States, Australia, Japan wherever. So far, we are convinced that the market economy is the only hope to ensure a prosperous world for the 21st century.

Maybe, this is right. But, still it depends on how people interpret this. Take for example my home country Japan. Everyone outside of Japan say that Japan is immensely rich. However, more than 70 percent of Japanese wouldn't agree. They think that their quality of life is just mediocre. As an opposite case, take the example of China, which has been enjoying a fast growing economy, but is it really realistic for us to encourage China to pursue the policy of one car for each household?

Therefore, in parallel with economic development, we also need to think about the importance of education and national identity.

前述した内容を念押しするため、もう一度日本の政治、経済に絶大な影響力をもつアメリカとの関係に言及している。もちろん、個人的に強調したいポイントがここに隠されている。

I would now like to talk in more detail about US-Japan relations. Since the end of the Pacific War just 50 years have passed and our relations seem to be finally maturing. In other words, both sides are now capable of expressing their own views without worrying too much whether they are offending each other or not.

There is a gentleman named Micky Kantor, who is the US Trade representative and, may I dare to say, a hatchet man for President Bill Clinton. He is the US's leading trade negotiator with Japan. He brings his adversarial lawyer style to government to government negotiations, talking to Japanese government officials as though they were the accused. Through his strong-arm treatment of Japanese negotiators, Mr. Kantor has helped an anti-US sentiment to spread in Japan.

This sentiment has finally prompted the Japanese government to say, for the first time, "No" to the US on the American proposition of quantified trade targets. Looking from a universal perspective, as Professor Huntington of Harvard University advocated, this “No” was an obvious manifestation of the collision between two different civilizations.

Personally, I am very much alarmed by the US aggressive drive to force the Japanese government into accepting trade targets in terms of precise numerical targets. I am alarmed because I see behind it a notion that superior western civilization must prevail. The Anglo-Saxons, which has dominated the world for several centuries, is particularly prone to this view of western supremacy.

In line with the thinking of western supremacy, the US is regarding its trade conflict with Japan as a national threat. Now that the former Soviet Union has collapsed, the US is naming Japan as a major threat to its national well being. The American mentality seems to be saying, “We must beat Japan before they beat us”. However, they almost made it by manipulating the exchange rate.

It is absurd, but let me finish my theory. In short, the US is interpreting economic conflict as a game of survival. On the other hand, both the Japanese and Japanese government think that economic conflict is just one of number of normal occurrences that will eventually settle down as the situational changes. To the Japanese, time will solve economic conflict, so that it is not a matter of life or death.

However, this analogy upsets Americans more. They argue back how the Japanese could change the situation unless they keep pressuring them. Well, controversy goes on like that.

As you are aware, Japan was long a farming nation. Japanese folklore says, "Wait till the weather calms down, then the crops will grow". Farmers know that their lives are in the hands of natural phenomena or of a supernatural being. The Japanese people still favor the saying "Let heaven decide for us".

Therefore, it is not possible for Japanese to keep a hypertensive state of mind for a long time. If they are excited, their threshold of tension gets high and they become hysterical. In my opinion, an important reason why we still have an emperor is that often in Japanese history, emperors assumed the role of maintaining equilibrium and preventing public hysteria—a sort of national pressure value.

Compared to Japanese, the American people live in a hypertensive environment everyday, like in the western gun fight movies. Whether in the Arab world or in Latin America, if the

Americans find a country that acts like a bad guy by their standards, the US punish the country so that US interests can be secured/preserved.

Faced with a determined and forceful United States, the Japanese are forced to take a defensive stance. Defensiveness is not very constructive or productive in the international arena. It is always in response to what the US says or does.

Some intellectuals, both in the US and Japan, stress the importance of dialogue and everyone in the end agrees that dialogue, no matter how long we tend to waste time, is far better than confrontation. But, the question remains. How can we get rid of our traditional and deeply rooted cultural dissonance in society?

Some Japanese extreme politicians stress that in the first instance, Japan has to establish its own diplomatic and defense policies towards Asia. This is easy to say and also attractive to a certain people, but will create an extremely difficult problem for Japan.

To this end, healthy individualism and real democracy must be brought forward in Japan: open discussion must be encouraged; disclosure and transparency of information must be ensured. All this must be achieved before the US demands it of us.

Frankly speaking, although we Japanese know how to enjoy freedom, I don't think there is true democracy established yet in Japan. Freedom is a major component of democracy, but not everything. Before we deliver our manifesto of how best we can contribute to the rest of the world, we have to concentrate over the next ten years on fostering genuine democracy in Japan. Then, Japan will be able to choose its own course, which will be the first step to establish our own, unique footprint in terms of the international contribution or sharing responsibility.

Japan will be more than ready to pump much more support into China in terms of capital, technology and human resources. Otherwise, the Chinese people won't believe our good intentions, mainly because of our behavior during the Second World War. This doctrine, of course, applies to the rest of Asia as well. Then, Japan would also be invited to assume a leadership role in the UN or other international organizations.

Truly, democratic Japan will acquire the friendship of many countries that fully understand its policies and aspirations.

You can see a glimpse of our effort in this regard. As you know, Japan has committed itself to the clean-up operations of Central Europe. I am glad that Japan has opted to stand on the same starting line as your country to work together with a revitalized spirit and idealistic commitment.

いよいよ締めの段階である。日本語でも同じだが、特に英語の場合、強調したいのは少なくとも二つくらいは体験談をはめ込みたいという点だ。自分の経験ほど人を説得できるものはないからだ。どんな理論を説明するにしても、若干は自分自身の取り組みを、できれば失敗談を織り込むと理論そのものがさらに引き立つ。

理論ではないが、チェコスロバキアがかつて世界でも有数な先進工業国で、シュコダ自動車はもちろん、自動小銃、戦車などのハイテク製品を造っていたことを、一本の虫ピンのなかに集約させることで、今回の主題を際立たせたつもりである。同時に、ハイテク国家として（それはまたミクロの技術集約型になる可能性が強い）の復活の可能性を強調した。

Now, I wish to move on to economic matter. If there are any areas where we can substantially contribute to the rest of the world, this is it. Our ex-Prime Minister Shigeru Yoshida, who is widely regarded as the most able Prime Minister of the postwar period, once said, "Japan's prosperity was brought about by the hard work of its people and a little bit of good luck". I am convinced that this statement applies to your country as well.

Here, I have with me pins for displaying insect specimens. They were produced 40 years ago in your country. These steep pins had head that was wound with a fine bronze wire. Insect collectors all over the world would have wanted to get hold of these pins, over fourty years. In the Far East, there was a boy deeply admired your country, which produced these pins. As you can see, these pins never get rusty and always shine. It means that you had super high-tech product.

ここで第二のanecdoteを私なりに入れたつもりである。四〇年間、自分の宝箱に入れ大切に保存してきた虫ピンを何本か持ってきていた。実物を見てもらえばわかるが、たかが虫ピンとばかにできない代物だ。実に精巧でいまだ錆びることなく輝きを失っていない。それを会場に回し見てもらった。話している間、虫ピンがどのあたりを回っているかいつも確認できるのだった。三〇〇人を超える出席者のどこかで、何人かの人の頭が大きく揺れ、時に大きくうなずく姿が目に入る。私のところに戻ってきたとき、誰が造ったのだろうか、手製の紙でできた小さな箱に虫ピンは収まっていた。一本も失われていない。感動で一瞬声を失った。

When we talk about the Japanese economy, the most important and critical point we have to bear in mind for the next ten years is the fact that Japan is a country second to none, which has experienced a great deal of turbulence arising mainly from the US. Since the US will not be able to solve its own economic and social problems. She is likely to pass her own problems back to us. In other words, globalization is steadily advancing and both of them failed to understand. In most of the cases, it will hamper both the American and Japanese interests and if Japan suffers, naturally Asia will experience a great deal of turbulence as well. As you are probably aware, Prime Minister Mahathir of Malaysia has been advocating Asian unity in a bid to shrug off US influence. If the US becomes too demanding it is probably that even Japan may swing from its longstanding policy, which places top priority on US-Japan relations, and to openly run towards Asia.

Talking about Asia, as you know, there is no question at all that Asia is a fast growing region, which has benefited most from the free trade system through a series of international economic institutions such as the IMF and World Bank.

Private investment and initiative have achieved Asian economic development. I believe this economic interchange in the region will definitely accelerate the process of economic integration. But the outcome of this regional development is still uncertain.

Another factor we have to think about this region is that it still ranges from the high tech to the primitive or conventional. So, joint effort between Japan and the United States is necessary to help them. Also, in order to create new dynamic markets, we have to facilitate the export of American products and services into this region.

All in all, the most important and urgent mandate for Japan and the United States in the postwar situation is to resolve their trade disputes and get on with identifying and emphasizing the thing that they have in common.

In the meantime, Japanese manufacturing industries will continue to relocate their production plants from Japan to other Asian countries. Only high tech corporations with a high level of productivity will be able to remain in Japan.

Not many people realize that almost all of Japan's foreign currency will be earned by only about 50 huge corporations. Since these conglomerates will be very competitive in the international market, the Japanese yen will become even stronger. But, the question remains, how far they can go. That is why a stable relationship has to be kept at any cost between the United States and Japan.

On hearing this view, some in the audience here might question why Japan couldn't establish substantial relations with other countries in Europe or Africa. Well, this is true to a certain extent, but I just wanted to forecast the course for Japan. If I am allowed to express my hope, I won't support this idea, of course.

The increasing role or commitment of Japan towards Asia and Asia's involvement with Japan is inevitable. Thus promoting the transfer of high technology from Japan and injection of various experts to Asia would be the most important and urgent priority for Japan not only from the economic standpoint but also from the political standpoint. This is an epoch making step for Japan after the Second World War.

Finally, Asian countries and Japan have each realized that it is in their common interests to seek out close political ties.

Just before I left Japan, I came to learn about the so-called VISEGRAG, through which we Japanese expect how effectively your people could build your new country.

Although the information pipeline between your country and Japan is not large, I am confident that we can obtain sufficient knowledge about each other through various international activities.

ビシェグラード・グループとは、東欧の中心であったポーランド、ハンガリー、チェコ、ならびにスロバキア四カ国を示す総称である。旧ソ連からの解放後、四カ国首脳が一堂に集まり、地域間の密接な協力を経済、政治面にとどまらず、文化、人の交流を含め総合的に取り組むことを確認したもので、ビシェグラード宣言として結実している。四カ国はいかなる状況下にあっても連帯し、この地域で紛争を起こさないとともに、この地域をかつてのように二度と分断させないという強い決意声明でもある。

Let me just conclude by saying that it has been very ambitious for me to attempt to describe Japan's relations with the world and the Far East in just 30 minutes. But in the attempt, I hope I have sufficiently aroused your inquisitive minds.

Now, I would like to move on to a brief question and answer period. Please feel free to ask me questions about what I have just spoken or about Japan's external relation in general.

Thank you.

私が書く英語はこの程度である。まさに高校の教科書を完全に学習していれば到達できるレベルである。残念だが、私が語学に特殊な才能はもっていないという確たる証明でもあるが。

ただ、強調したいのは、「それでも自分の意思はなんとか主張できるし、議論で相手を打ち負かすことも、納得させることも（それが必ずしもいいことかどうかはわからないが）可能だ」ということだ。

スピーチ原稿の基本と本質　家を新築するときの自主設計図と同じ感性で

いよいよ残る余白もわずかとなってきた。ということで、ここでは思いきり話題を飛躍させ、主催者のオープニング、あるいは基調スピーカーとしての役割を振り当てられた究極の状況を想定してみる。会議のパネリストとしての発言とはまったく違い、話す内容には想像する以上の選択肢があるので模範例はありえない。かといって思いつくままにしゃべっても聞き手はまず満足しないだろう。十全の用意をし、歴史的エピソードも踏まえねばならず、周到な準備が必須である。私のケースでは、基本テキストをまずは日本語で書くことから始める。それも何度も読み直し、途中で友人にも、目を通してもらう。そして最後の仕上げに取り掛かる。これには膨大な作業を伴うので、真剣に対応するとなると最低でも六カ月は必要だろう。まあ、実際には無理な話で、三カ月がせいぜいだろう。

私は一〇年以上にわたってハヴェル大統領主導のフォーラム2000会議にオーガナイザーとしてかかわってきたので、助人として何度もスピーチしなければならない羽目にあっている。ここではオープニング用に用意したスピーチの骨子、ならびにその構想の流れを紹介したい。もちろん日本語である。これが実際にはどう変化していったか、正式の議事録はフォーラム2000の事務局にあるはずだが、私自身は気恥ずかしく、かつ自信もないので入手していない。むしろ、読者のどなたかが社会奉仕ではないが翻訳に挑戦していただき小職にご教示いただければ、私にとって今後の励みにもなるのだが。

例題：フォーラム２０００会議オープニング用スピーチ発言の骨子

Ⅰ　まずは冒頭のフリル部分（飾りともいうべき外交辞令的表現）において、なんとしても触れておきたいポイントを最初に考える。

一例だが、たとえば私の場合は以下のようなポイントから始まった。このくだりはどんな場合でも欠かせないのだが、会場の雰囲気によって大げさにならず、かつあまりに格式張らないようバランスをとることが肝要である。

ハヴェル大統領閣下、プラハ市長

今日、私は再びプラハの地に戻り、しかもチェコ国民の文化と伝統、そしてまた歴史の栄光がぎっしりと刻み込まれたミュニシパル・ハウスで、フォーラム２０００会議の開会の辞を述べる機会を与えられましたことを心から誇りに思っています。

聞くところによりますと、このホールのバルコニーからは一九一八年に、チェコスロバキア独立宣言が発せられており、まさにチェコ国民にとって民族の誇りであるとともに、最も格調の高い建物であると伺っています。

もちろん、フォーラム２０００会議が、このような名誉ある場所で開催されるに至るまでには、大統領閣下、プラハ市長、そしてまたフォーラムをあらゆる面で支えてきた関係各位の並々ならぬご尽力があったものと思います。改めて心からお礼を申し上げる次第です。

同時に、フォーラム会議を通じ過去五年間、常に高い質的レベルを維持、発展させてきた参加者の知的貢献に対しても、感謝と高い評価の念を表明したいと思います。

Ⅱ　次いで本論に入る前の「触りの部分」で何を取り上げるかを検討する。

これまた一つのたとえに過ぎないが、私は地元出席者の関心を呼ぶであろうと思われる以下のようなポイントに言及することと決めた。このプロセスはある意味で時間調整の機能も兼ね備えている。本論に時間を割きたいときは端折ったり、スキップすることも可能である。

当初に予定した五年間の会議を無事終了した昨年の秋、私は大統領閣下と昼食をともにしながらこの会議の総括をおこないました。きわめてリラックスした雰囲気のなかでの食事でしたが、会話は真剣そのものでした。その結果、私どもは五年間の成果を出版物の形できちんとまとめること、また会議の評価を外部の専門家に委ね、徹底した検証をおこなうこと、最後に、私たちのメッセージを世界に向けて発信することで意気投合いたしました。それがプラハ宣言、評価報告書、書籍など一連の成果として結実したことはご承知のとおりです。

こうして一連の真摯な検証が、新たなフォーラム開催につながったことをここで強調しておきたいと思います。端的に申し上げれば、現代社会が直面している、人類の存在をも脅かすような基本的問題を直視し、少しでも実効性のある提言をしてもらいたいということです。その結果、グローバリゼーションというテーマを最初に取り上げる結果となったわけです。

前置きばかり長くなってしまいましたが、グローバリゼーションはご承知のとおり、人類にとって今や避けることのできない、最も普遍的な命題として立ちはだかっています。その行方と評価は実に多様です。その一つの試みとして、この会議ではグローバリゼーションを経済的、社会的現象として捉え、かつその影響を光と影に分けて検証しようとしています。

Ⅲ　ここから本論に入っていく。

正直申し上げて、私はこの分野では門外漢ですが、それでも直感が時に先行し、自分の気持ちを上回ることがあります。この問題もまさにその典型の一つです。私は、グローバリゼーションが世界をますます二分化させ、貧富の差を増大させるという識者の懸念に同感する立場にあるものですが、時に直感がその信念を上回るのです。それは「この問題の取り扱いを間違えると、人類が人類を再び隷属化させる方向に向かうのではないか」という恐怖心であります。

その意味では今回のテーマとなった「グローバリゼーション・ギャップ」を単にブリッジさせるようなレベルには留まらず、二分化された人類の間には、共通の言語も文化も存在しない、すなわちmissing linkが横たわっている」とさえ思われるのです。

人はまた、時にグローバリゼーション・イコール・アメリカナイゼーションと短絡的につなぎがちです。もちろん、一理ある論理でしょう。アメリカがコロンブスによって西欧に紹介されたのが一四九二年。それから百年後、アメリカは人類の将来への希望をもたらす「新大陸」としての地位を確固たるものにしました。「辺境以前（terra in-cognita before periphery)」の立場から突然「世界の中央（center）」に飛躍したのです。今振り返って見ると、世界が最初に受けたグローバリゼーションの衝撃だったと思います。

一六〇三年、モンテーニュが「食人種について」を出版しています。次いで一六一一年にはシェークスピアが『テンペスト（*The Tempest*）』を発表し、翌年には初の公演が行われています。

『テンペスト』はチェコの国民が殊のほかお気に入りの作品と聞いています。モルダウ川ラジオ放送局が詩の朗読番組の初めに、主役プロスペロが謳う詩に引用しているからです。二人の作品を今改めて読み直してみると、まったく違う思想が見えてきます。要するに新世界の発見が旧世界に与えた衝撃のすごさであり、既成概念の否定でもあったわけです。おそらく二十一世紀は、それと同じような衝撃的な時代であることを予感させます。とりわけ昨年ニューヨークで起きた九・一一テロ事件がそれを触発したことは間違いありません。

事の是非はともかく、世界のセンターであるアメリカがテロリストに対する全面戦争を人類の正義として、今までに存在しなかった、まったく新しい主義、思想でテロの巣窟といわれる辺境の地を攻撃し始めたからです。それにはそれなりの理由があることは理解します。しかし、辺境の地を圧倒的な武力で破壊した後にいったい何が残るのでしょうか。「新・新世界」を描かずして辺境の地に住む民衆をさらに絶望的な見捨てられた地に追いやることになりはしないか、その解決方法を見つける努力こそ、新しいグローバリゼーションの方向ではないでしょうか。

最後になりましたが、モンテーニュが未開人種発見の報に驚きながら言った言葉で挨拶を終わりたいと思います。

「私はたまたまフランス人であったに過ぎない。それ以前に私は人間である」。

余談。

ここに掲載してきた原稿素案はすべて私が最初の段階で用意したたたき台である。したがって実際のスピーチ原稿は何度も推敲を重ね、大幅に変更されている。一部はまったく違った内容にさえなっている。会場の雰囲気を時に加味した結果である。ここでは、あくまで英語上達の手段として、その素材を提供したに過ぎないことを強調しておきたい。三〇歳近くまで英語を拒絶してきた人間が、たまたま海外で生活せざるを得なくなった末に、苦労して自己流の英語をなんとか模索し、苦しんできたその道程をつづったに過ぎない。帰国子女が一〇〇万人を超えたといわれる現在、もはや私自身が化石化してしまい、こうした経験を活字にすること自体、おこがましいという思いも他方にある。

しかし、英語の稚拙さをさて置き、いかなる時代においても日本人が対応すべき重要な心構えはそう変わらないのではないかという思いも一方にある。家を建てるにあたって、住むべき人が最初に描くスケッチが設計の基礎になるように、スピーチもまた、それをdeliverする人の最初の構想が基礎になるという事実である。ここではその際に見逃してはならない基本的事項をチェックリストの形で書きつづったつもりである。要は冒頭にも述べたようにそれぞれが自分のもつ個性をじかに反映できる英語、それが要諦ではないだろうか。

私の過去のメモ帳から、稚拙な素材も含め広く公開しようと思ったのは、次の世代の人たちに、穴があったら隠れたいような恥をさらし、そのたびに胃痙攣を起こしそうになった私のような苦い経験を一つでも二つでも減らすことができればという願いからきたものだ。同時に日本人が矜持をもって持論を英語で世界に堂々と展開できる日を夢見てきたからに他ならない。

世界の指導者たちのスピーチから学ぶ

最後に、私が関係しているフォーラム２０００会議で世界の指導者がおこなったスピーチの冒頭の出だしだけを紹介しておこう。もちろん背後にプロの書き手がいることもあるだろう。しかし、その格調の高さ、質の違いにはただただ脱帽するしかない。だからこそ、普通人の我々は自分の土俵で勝負することが肝要なのだ。

以下、ヒラリー・クリントン元大統領夫人、ノーベル文学賞受賞者のウォレ・ショインカが話したスピーチのさわりを参考までに紹介させていただく。

Speech by Hillary Rodham Clinton

(Speech was taken from spoken word delivered at the Forum 2000.)

I am honored to be here, and I wanted to thank President Havel for convening another extraordinary gathering of Forum 2000. I am told that during the Velvet Revolution, there were posters all over Prague with the message: "Havel to the Castle."

Well, here we are, at the Castle, with President Havel, thinking about the future that awaits all of us.

With poetry and prose, no one has done more to spread the message of freedom and democracy throughout the world than President Havel has. No one has worked harder to nurture civil society and keep us focused on the real questions confronting us as we end this century. He has reminded us that we live our lives not just as consumers but as citizens, as diverse and spiritual beings. And no one has done more to make this Castle a place for gatherings such as this, where ideas can be discussed and where all of us can do more to ask ourselves the hard questions about what kind of societies and world we expect to help build.

If we are gathered here today to talk about globalization, then I know there are many different reactions to that rather long word. It is hard sometimes even to define what on means by it. Certainly the increases in technology, the changes in the economy help us to define what we think we mean by globalization. We see the effects of rapid transportation and communication on our everyday lives. We are more interconnected and I would argue more interdependent than perhaps we have ever been. And as with any great sweeping change at any point in history, there are those who are the great proponents of globalization, whether they can define it or not, and those who are its great opponents, whether they can define it or not. So conversations such as the ones that are provoked by this Forum are extraordinarily important. We have to do more talking with one another across the lines that too often divide us, so that we are not only can define what is occurring in our world today, but can summon up the will to take the forces that are at work and try to move them in a direction that will better our common humanity.

Speech by Wole Soyinka

The Chimes of liberation and the Millennial Frontier.

They rang out with such unaccustomed clarity that the world may be forgiven for its phase of unreflective euphoria. A symbol of the division of the world had crumbled, and a powerful estate of ideological enslavement was suddenly erased from the map of the world. I like to believe that any justifiable sense of triumph, that is, the expression of triumph by peoples as opposed to ramparts of ideological rivalry and their championing states, governments or blocs, was a sense of vindication of the questing, questioning spirit, a vindication of the human mind in its eternal struggle against rigidity, against calcification and regimentation, a resumption of an interrupted march towards true social liberation. If the fall of the Berlin wall was is to escape trivialization, it cannot and must not stand as the resolution of the skirmishes of West versus East or capitalism versus socialism, but plainly as a permanent rebuke of closure and exclusion, a repudiation of mental shackles and an affirmation of the virtues that stamp the human mind: a hunger for knowledge, for experimentation and discovery, and a refusal to accept orthodoxy's as unassailable, since the material world from which all theories and beliefs derive remains infinite and largely secretive, despite the greatest scientific advances of humankind

I am a writer and therefore, an explorer. My immediate tribe remains the tribe of explorers, be they explorers who ride into the unknown on mechanical or on verbal conveyances. I claim instant kinship with all such, from whatever corner of the world, and my concerns are necessarily governed by what happens or does not happen to those who bring an allied temper to the relation of their existence with their environment. It is understandable therefore if my terminal images of this millennium, as it teeters towards its closure, are images whose central figures are those of my tribesmen, writers. They are not pleasant images; they are images that chasten the optimistic hold of those far more dramatic images of human achievement- such as the heroic doggedness of the space station Mir, or the understated, planetary voyager, Sojourner, meticulously surveying and analyzing the surface of an alien planet.

There appears, suddenly, to be absolutely no limits to the capability of man to interrogate the universe and override its primordial vantage of secretiveness. And those very triumphs, plus a thousand others, including quantum leaps in man's ability to communicate contrivances as the very one from which these words materialize, almost magically, these very manifestations of the infinite capabilities of the human mind only amplify its ongoing failures in the liberation of the mind.

If there is any territory therefore that offer itself as a worthy challenge to our imagined beings of a new, millennial consciousness, it is clearly that of the human mind.

To many, this might appear a redundant proposition. Their progenitors have fought battles in the name of that very cause, battles that go back centuries and have registered a truly humbling array of protagonists and martyrs-Socrates, Galileo, Girodanno Bruno, Martin Luther and all-and inhabit societies where once fatal taboos are not only tolerated but provided equal space and time with reigning conformities. The proof that the mind has attained a supreme confidence, even exultation in its own convictions, is when, and only when it no longer experiences a need to extinguish all.

アフリカ系作家として初めてノーベル文学賞を授かったウォレ・ソインカのスピーチの一節である。人類愛に満ちあふれ、表現力・先見性に富んだ文章は文学の究極の力を信じさせるに十分だ。表現方法をマネしようと如何に七転八倒《しちてんばっとう》しようと足下にも及ばない。

しかし、彼の言葉を金科玉条に、微力ではあってもこの地球上から武力衝突をなくすべく「善意のコミュニケーター」になることは可能ではないか、少なくともそう信じたい。

おわりに

この類の本についての構想は一九八〇年代初頭からどこか頭の片隅にあった。いやもっと前から何とか形にしたいという思いはあった。その動機は、初めて海外駐在員としてオーストラリアのシドニーに赴任した一九六九年のことに違いない。着任直後に感じた外国語へのアレルギーに端を発しているからだ。それ以来、この年まで、アレルギーというか強迫観念に悩まされ続けてきた。もっと端的にいえば、終戦直前にこの世に生を受けて以来、私の存在そのものにまとわりついてきた厄介な問題だったと、今振り返ってみても断言できる。幼少のとき、自分の存在を漠然ではあったものの意識したとき、私の環境はすべてアメリカ進駐軍に取り囲まれていた。どこへ行っても彼らの一挙手、一挙動に惑わされない日はなかったといってもいい。生まれ育った横浜は空襲でわずかに焼け残った施設はむろんのこと、焼け野原となった土地でさえ、そのほとんどを進駐軍によって占拠されてしまった。こうして有刺鉄線で囲い込まれてしまった元町、関内、中華街のある山下町、国鉄の終着駅だった桜木町、租界地（外国人居留地）として名高い山手、そして商業の中心地だった伊勢佐木町界隈を中心に私は幼少期を過ごすことになった。こうして知らず知らずの内に天国と地獄を体験する羽目になった。

子供の喧嘩にもきまって朝鮮人、中国人、インド人、そしてアメリカ進駐軍の家族などがかかわってくる厄介な土地であり、まさに一種の国際租界であった。となれば敗戦国民とはいえ、知らずのうちに彼らに負けたくないという意識が心の中でいつしか増幅され、時には大人さえ巻き込んでの大げさな争いに発展することもざらだった。小学校に進学したころ、巷には私どもとまったく皮膚の色も顔の造作も違う、いわゆる国際結婚によって生まれた異質の背景をもった子供たちと接触する機会も日ごとに増えていった。確か、私が小学校四年になったときだった。横浜市の教育委員会は彼らの受入れ実験校として元街小学校を指定、その途端、彼らが大挙して入学してきた時の驚きはまさにカルチャーショックそのものだった。

同時に、良家の子女は、どこでどんなつながりをアメリカともっていたのか、突然アメリカに留学するとかで横浜の大桟橋の波止場から氷川丸、あるいはクリーブランド・ウイルソン号などの外航船に乗って出港する。その華やかな姿を見送る時代に突入していった。振り返れば、こうした環境が外国語、すなわち私を英語嫌いにしたのではないだろうか。以来、英語と聞いただけで反射的に拒絶反応を示し、中学での英語授業は散々な成績だったことを本文中にも書いた。

時が経ち、成人して最初に海外赴任したシドニーでは癖のあるオージー英語の洗礼を受けて辟易し、何度聞き直しても単語のスペルさえ完全に書き取ることができなかった。イタリア人の経営する街角のミルク・バーではサンドイッチという言葉さえ通じなかった。笑えないのは相手が「どんなウィッチ（魔女）をお探しですか」と聞き直してきたことだった。その絶望感。

しかし、こうした挫折がやがて逆バネになり、いつしかそれに挑戦する気力を呼び起こす遠因となった。ただ、こうした経験も長い人生からみれば小さなエピソードの一コマに過ぎず、結局はこの年まで英語に苦しめられ、生きていく上で大きなハンディキャップとなってきたことは否めない。

なぜだろう、と時に考えるが、おそらくそれは日本語同様に外国語が私にとっては絶対に欠かすことのできない手段だったからだろう。目的だったら、その究極の目標に向かって進むだけだから、それほど苦しまなかっただろうし、引きずらなかったはずだ。好奇心が人並み以上に強かったこともあるが、私の場合、興味の対象が多岐にわたり、またいつ別の分野に関心が移ってしまうか、自分でさえ予測できなかった。それに応じ対象となる仕事も国も変わるので、そのたびに新たな対応を求め、初めからやり直す羽目になる。仕事の面に絞ってみてもどれほど仕事を替えてきたか、あるいはいくつの仕事を同時並行してやってきたか、履歴書を洗い出さないと正確には思い出せないほど動き回ってきた。その結果、関係した国も多くなった。雑駁《ざっぱく》な記憶を辿《たど》れば、オーストラリアに七年半、アメリカ・ニューヨークにある財団に九年、チェコのプラハに一〇年、そして国際ペンの仕事でロンドンに一二年、と携わってきた。その間、やれ会議だ、大学での講義だ、という予定外の仕事が入ってくるので休むことのない半世紀だった。もちろん、対象国は英語圏ばかりではないから、時に言葉に不自由する。しかし、仕事に関する限り英語は世界語で、どこへ出かけても英語で勝負をすることが可能だった。

こんなドタバタの生活が続いたものだから、机に向かってじっくりものを書くという時間もなかなかつくれなかった。結局、その時々に思いついたことを空港の待ち時間を使い、あるいは機内で書き留める。ホテルでも同様で、部屋についているメモ帳、あるいは時間に余裕があれば浮かんだアイディアをパソコンに入力、そんなつぎはぎ原稿を積み重ねてきた。だから本の形にするまでには最短でも一〇年、一五年は容易にかかってしまう。ある意味では熟考に熟考を重ねた結果だと言いたいが、私の場合はまったく逆だった。忘れてしまったことを、まるで新しい発見でもあったかのように喜び勇んで再び書き足したりする。編集者から重複ですね、と注意・削除されること数知れず。その上、時系列的感覚さえ失せてしまう。自己弁護かもしれないが、手段としての英語に長年苦しんだ最大の理由はアメリカの日本占領に始まり、そして日本の文化、体制、社会秩序をすべてアメリカ化しようとする彼らの壮大な思惑に振り回されてきた結果だ、ということを強調したかったからだ。

しかし、終戦後七〇年を過ぎ、ようやくこの事態も変わりつつある。経済、政治の面ではない、ただ英語という外国語に向き合う日本人の姿勢、態度に関してである。

最近の顕著な現象なのだが、かつての学生、あるいは同窓の仲間に会うときまって彼らが言うのは、「あれほど悩まされた英語が最近よく理解できるようになったのはなぜだろう。トランプ大統領のスピーチを聞いていても実によく理解できるのだ。昔、巻き舌でしゃべる米語はまったくフォローできなかったのになあ」。感慨に満ちたコメントだ。私は待ってましたとばかり持論を展開、解説に及ぶ。

「そうなんだよ。我々は英語に関してはアメリカ人に自信を持てるようになった、いや対等に議論できる立ち位置に到達したっていうことなんだ」と。

大抵の場合、連中は怪訝な顔をする。さらに追い打ちをかける。

「知っている？　トランプのしゃべる英語、いや彼の語学力はせいぜい中学生程度だってことを。いや、私の意見ではない、アメリカの識者が彼のスピーチを詳しく分析した結果なのだ。その上すべてをディールとかいって街の不動産取引と同じ感覚でしか判断しないし、その上大統領に担ぎ上げた連中は大半が貧困層の白人だってことだ」

「要は、そういう連中が中学生レベルのスピーチに熱狂するのだから恐れ入ってしまう。ということは、我々は大いなる自信をもって、日本式の英語で堂々と発信できるという証明なのさ。だから、彼らに堂々と、臆することなく、英語で持論を訴えられる時代がきたということだ。それを認識し、実行に移すべきだ」と、つい過激発言までしてしまう。こうなるとどこかの国の政治家の演説みたいで、仲間はきまって白けてしまう。しかし、間違いなく一理ある。反知性主義と大衆化の跋扈である。

敗戦国になった途端、日本の教育制度はアメリカの文化政策のなかに取り込まれた。その結果、新制小学校制度が発足、その第一期生となった私は結局、英語を含めアメリカの文化政策のなかにどっぷり取り込まれたまま生涯を過ごすことになった。いま社会を騒がせている小学校での英語教育の義務化はその意味できわめて重要な問題と言える。もっと国民的レベルで時間をかけ、深い議論をした上で決めるべきではないか。政府はただひたすらグローバリゼーションの掛け声ばかりで、次の世代に与える真の本質的な結果を熟考、検証することなく一気に制度化しようとしている。壮大な無駄な努力に思えてならない。

❖著者略歴

堀 武昭（ほり・たけあき）

作家、経済人類学者。オーストラリア外務省（豪日交流基金）アドバイザー、米日財団副理事長、フォーラム2000財団理事、関東学院大学助教授、政策研究大学院大学教授、チェコのカレル大学客員教授などを歴任。表現の自由と作家の相互理解を図る文筆家組織「国際ペン」の理事に選出される（2002-10年）。

2010年9月に専務理事、2016年に副会長に就任。

著書として、『ペンは世界を変える——行動する文学者集団の90年』（長崎出版、2010年）、『「アメリカ抜き」で世界を考える』（新潮選書、2005年）、『世界マグロ摩擦!』（新潮文庫、2003年）、『サシミ文化が世界を動かす』（新潮選書、2001年）、『東欧の解体　中欧の再生』（新潮選書、2000年）、『オーストラリアの日々——複合多文化国家の現在』（NHKブックス、1988年）、『反面教師アメリカ』（新潮選書、1999年）、『Tuna and the Japanese』（日本貿易振興機構、1996年）、『マグロと日本人』（NHKブックス、1992年）など多数。

「二刀流英語」のすすめ
情報力・英語力を使いこなす

2018年10月11日　初版第一刷印刷
2018年10月17日　初版第一刷発行

著　　者　堀　武昭

発 行 者　森下紀夫

発 行 所　論 創 社

〒101－0051
東京都千代田区神田神保町２－23　北井ビル
tel. 03 (3264) 5254　fax. 03 (3264) 5232
web. http://www.ronso.co.jp/
振替口座　00160－1－155266

装　　丁　奥定泰之
編集・組版　永井佳乃
印刷・製本　中央精版印刷

ISBN978-4-8460-1713-2